Brigitte Rauth-Widmann
1 x 1 der Rohfütterung

Hunde artgerecht ernähren mit BARF

KOSMOS

Inhalt

Alternatives im Napf   4
Von Jägern, Aas- und Pflanzenfressern   8

Zutaten für eine ausgewogene Rohernährung   10
Obst und Gemüse   10
Getreide   18
Fleisch und Knochen   21
Öle, Fette, Nüsse und Fisch   34
Milchprodukte und Eier   39
Kräuter und andere gesunde Helferlein   43

Rezeptvorschläge   48
Eine Woche lang auf BARF   49
Leckeres für zwischendurch   52
Futtertabelle   55

Mit dem Rohkost-Hund auf Reisen   56

Infektionsgefahr durch Rohfütterung 60
Bakterien und Co 61

Angemessen ausgewogen 64
Ausgewogen über Wochen 65
Der Hundesenior 66
Hundekinder und Rohkost 68

Umstellung auf Rohkostfütterung 72
Fütterungspraxis 73
Die Sache mit dem Fastentag 75
Von heute auf morgen oder peu-à-peu? 76
Wie Hunde auf die Umstellung reagieren 78
BARF nicht um jeden Preis 80

Service 82
Nützliche Adressen 83
Zum Weiterlesen 84
Register 86

Zu diesem Buch

Alternatives im Napf

Knochen, Knorpel, Innereien und Muskelfleisch, vorzugsweise vom Rind, Lamm, Pferd, Geflügel oder vom Kaninchen, hier und da ein Hühnerei und etwas Obst und Gemüse – alles roh kredenzt: Davon sollen unsere Hunde auf Dauer leben können und gesund bleiben?

Hunde gesund ernähren

Kann man seinen Hund wirklich unbedenklich mit rohem Fleisch ernähren, wo es doch mittlerweile die Spatzen von den Dächern pfeifen, wie „gefährlich" Frischfleisch und wie „schädlich" Fleischknochen oder etwa rohe Eier sind? Und ist rohes Gemüse wirklich gesund, da doch allenthalben bekannt ist, wie wenig der karnivor gestaltete Verdauungstrakt unserer Rutenwedler von grasigen Mahlzeiten jedweder Art profitieren kann? Hunde sind schließlich keine Schafe!

Grenzüberschreitung

Und doch bietet sich jedem, der es wagt, heilige Grenzen der modernen Hundefütterung zu überschreiten und seinem Vierbeiner Tag für Tag ebensolche Nahrungsmittel in den Napf zu füllen, ein völlig anderes, äußerst befriedigendes

Bild: Sein Tier erfreut sich allerbester Gesundheit. Sein Fell glänzt, seine Augen strahlen. Die Verdauung funktioniert tadellos. Von erhöhtem Parasitenbefall keine Spur. Wie kann das möglich sein?

Ein Blick auf den Vorfahre Wolf

Die Antwort ist so verblüffend simpel, dass man sich fast scheut, sie hier niederzuschreiben: Hunde stammen vom Wolf ab, und der ernährt sich bekanntlich überwiegend von rohen (oft noch warmen) ganzen Beutetieren, ein paar Früchten, Beeren, Wurzeln, Kräutern und Gräsern sowie von einigen frischen Häppchen der festen Hinterlassenschaften, welche speziell die Grasfresser, die in seinem Territorium unterwegs sind, dort regelmäßig verlieren. In Notzeiten greift er des Öfteren auf Aas zurück; was er dank seines besonderen

Magenmilieus ebenfalls gänzlich unbeschadet übersteht. Da der Wolf auf dem evolutiven Weg zum Hund mittlerer Größe weder grundlegende Veränderungen seiner Stoffwechselfunktionen noch des Aufbaus seines Verdauungstraktes erfahren hat, sind die Nahrungsansprüche beider Gattungsmitglieder selbst heute noch weitgehend die gleichen. Also spricht – zumindest aus verdauungsphysiologisch-gesundheitlicher Sicht – nichts dagegen, die Ernährungsweise des Stammvaters bei der Fütterung unserer bellenden Hausgenossen nachzuahmen. Weil jedoch nur in den seltensten Fällen ganze Beutetiere mit Haut und Haaren, mit Blut, Innereien und gefüllten Eingeweiden in die Mägen unserer Hunde

Sein Wolfserbe: Hoher Salzsäuregehalt im Magen und ein kurzer Darmtrakt mit schneller Passage.

wandern können, braucht es einiger Überlegungen, wie sich solch eine primitiv-rustikale Verköstigung nach Caniden-Art im Hausstand am günstigsten bewerkstelligen lässt, damit sie insgesamt ausgewogen ist und der Gesundheit des Vierbeiners wirklich zugute kommt. Denn Rohes ist nicht per se ein Segen. Es gibt durchaus Nahrungskomponenten, die eigentlich nichts im Hundenapf zu suchen haben, ja sogar solche, die ganz und gar tabu sind.

Rohfütterung (BARF)

Die naturgemäße Rohfütterungsmethode – gemeinhin als BARF (= Bones and Raw Food bzw. Biologisch Artgerechtes Rohes Futter) bezeichnet – verlangt nur wenige Regeln, die obendrein sehr einfach zu befolgen sind. Bloß kennen muss man sie. Zudem sollte man sich – möchte man diese Fütterungsart dauerhaft anwenden – frei machen von jeglichen äußeren Zwängen, und einfach den gesunden Menschenverstand walten

Gegarte Nahrung weist strukturelle Veränderungen auf und hat somit andere Wirkungen auf

Alternatives im Napf

lassen, und obendrein jederzeit offen sein für neue Erkenntnisse und Versuchsergebnisse, die es dann fortan gilt, im Fütterungsalltag umzusetzen. Denn je mehr Menschen sich für eine alternative Ernährung ihres Hundes einsetzen, umso mehr Forschungsinteresse besteht und umso mehr (auch von der Futtermittelindustrie unabhängige) Untersuchungen in Sachen „Hund und Ernährung" werden durchgeführt, etwa an Universitäten und Tierhochschulen.

den Organismus als frische unbehandelte.

Eigene Wege gehen

Permanent nachzulesen, kritisch-prüfend nachzudenken und immer mal wieder Neues mit seinem Hund auszuprobieren, ist für Hundehalter wichtig, ob in Ernährungs- oder Ausbildungsfragen. Gerade aus diesem Grund möchte ich an dieser Stelle ehrlich zu Ihnen sein. Selbst wenn Ihr Vierbeiner bei dieser Verköstigungsweise vor Gesundheit geradezu strotzt, wenn vielleicht sogar seine ehemals juckenden Hautausschläge, Kratzattacken, oder was auch immer er sonst für Krankheitssymptome an den Tag gelegt haben mag, besser geworden oder ganz verschwunden sind: Warnend erhobenen Zeigefingern werden Sie mit Sicherheit überall begegnen, und (bestenfalls) kritische Blicke ernten werden Sie ebenso reichlich. Vielleicht müssen Sie sogar Ihren Tierarzt erst noch sachlich von den Vorteilen dieser speziellen Fütterungsart für Ihren Hund überzeugen.

Trotzdem: Lassen Sie sich kein schlechtes Gewissen einreden! Wenn Sie Freude an dieser Art der Hundefütterung haben und sich an die entsprechenden Fütterungsregeln halten, tun Sie genau das Richtige für Ihr Tier.

Ihre
Brigitte Rauth-Widmann

Von Jägern, Aas- und Pflanzenfressern

Bei den Ernährungsformen unterscheidet man zwischen Fleisch-, Pflanzen- und Allesfressern. Hunde sowie ihre Vorfahren, die Wölfe, gehören zu den Karnivoren (Fleischfressern). Nichtsdestotrotz ist ihr Speiseplan vielseitiger, als man denkt.

Verdaulichkeit von Nahrungsbestandteilen

Hat der Wolf Beute gemacht, sind es hauptsächlich deren Muskelfleisch, Fett, Innereien, Haut, Knorpel und Knochen (tierische Eiweiße und Fette also), die er zu sich nimmt. Mit seinen überaus leistungsstarken eiweiß- bzw. fettabbauenden Enzymen im Magen-Darm-Trakt ist es ihm ein Leichtes, diese Nahrungsbestandteile sehr rasch und wirkungsvoll zu verdauen. Da es in der Natur nicht Usus ist, Anpassungen, die sich über Jahrtausende bewährt haben, grundlos über Bord zu kippen, tragen unsere wedelnden Hausgenossen diese auffallend hohe Verdauungsfähigkeit für tierische Eiweiße und Fette heute noch mit sich herum. Nur sind die entsprechenden Enzyme häufig unterbeschäftigt, da es nicht selten an derartigen Futtermitteln in ihren Näpfen mangelt.

Kohlenhydrate im Futter

Was sich in den Näpfen gern findet, sind Unmengen an Kohlenhydraten. Mit diesen jedoch können Hunde (wie auch Wölfe) nur wenig bis gar nichts anfangen, oder anders ausgedrückt: Ihre Verdauungskapazität für Stärke und pflanzliche Faserstoffe ist äußerst gering. Ihnen fehlen ganz einfach die passenden Enzyme dafür. Aufgrund ihrer Nahrungspräferenzen auf eiweißreiche, fleischbetonte Rohkost war es in der Entwicklungsgeschichte nicht nötig, Wölfe respektive Hunde damit auszustatten. Damit Karnivoren Futtermittel pflanzlichen Ursprungs überhaupt in nennenswertem Umfang verwerten können, bedürfen diese aufwendiger Vorbehandlungen – welche entweder ihre pflanzenfressenden Beutetiere für sie übernehmen oder im Fall unserer Haushunde wir selbst.

Verdauung bei Pflanzenfressern

Bei den reinen Pflanzenfressern wie etwa Rindern, Schafen oder Kaninchen verhält es sich genau umgekehrt: Bei ihnen stehen die Kohlenhydrat verdauenden Enzyme an allererster Stelle der Verdauungshelferlein. Zudem haben solche Tierarten einen riesengroßen Darmtrakt, in dem das Futter sehr lange Zeit verweilt – und zum Teil auch gekammerte Mägen (Wiederkäuer) –, sowie ganze Heerscharen von verdauungsfördernden Bakterien, die einen Abbau und damit eine Verstoffwechselung derart zäher Kost überhaupt erst möglich machen.

Und davon profitieren letzten Endes auch die Wölfe (bzw. Hunde), wenn sie mitsamt ihres pflanzenfressenden Beutetiers auch dessen Eingeweide inklusive Inhalt konsumieren.

Über Umwege zur pflanzlichen Kost

Die im Pflanzenfresser gelagerten grasigen Futterbestandteile sind aus vorgenannten Gründen nun größtenteils enzymatisch aufgeschlossen, also vorverdaut und damit auch für einen Karnivoren mit seinem relativ kurzen Verdauungsschlauch und der spezifischen Enzymausstattung gut nutzbar. Denn auch „Fleischfresser" brauchen mehr als nur Fleisch (also tierische Kost) zum Leben. Pflanzenkost, die überwiegend aus Kohlenhydraten sowie pflanzlichen Eiweißen, Vitaminen, Mineralstoffen und Spurenelementen besteht, benötigen sie auch, wenn auch nur in geringen Mengen.

Und so schließt sich der Kreis und macht es außerdem verständlich, weshalb die Fütterung des Hundes beispielsweise mit grünem (das ist ungereinigter) Pansen, in dem die fein zermahlenen Gras- und Kräuterhälmchen des Wiederkäuers noch enthalten sind, so gut funktioniert – und weshalb man seinem Vierbeiner durchaus viel Gutes tut, wenn man ihm täglich etwas rohes Obst und Gemüse füttert.

Speichelfäden bis zum Boden

Hundespeichel enthält keine Verdauungsenzyme. Wozu auch? Hunde schlingen ihr Futter bekanntlich eher als es mahlend-kauend zu genießen. Anders als bei uns, beginnt die Verdauung bei ihnen erst im Magen (Eiweiße) und wird dann im Dünndarm (Fette und Kohlenhydrate) fortgesetzt. Damit auch große sperrige Brocken flugs in den Sammelbehälter Magen hinuntergleiten, enthält ihr Speichel allerdings wesentlich mehr zähflüssig-schleimiges Sekret als der unsere.
Wie viel Speichel produziert wird, hängt u. A. von der Konsistenz und der Art des Futters ab. Frisst der Hund viel rohes Fleisch braucht's weniger an Schleim.

Zutaten für eine ausgewogene Rohernährung

Obst und Gemüse

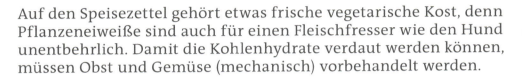

Auf den Speisezettel gehört etwas frische vegetarische Kost, denn Pflanzeneiweiße sind auch für einen Fleischfresser wie den Hund unentbehrlich. Damit die Kohlenhydrate verdaut werden können, müssen Obst und Gemüse (mechanisch) vorbehandelt werden.

Täglich frisch

Aus dem bislang Erläuterten ergibt sich bereits eine wichtige Regel für die Rohkostfütterung:
Der Hund bekommt täglich rohes Obst und/oder Gemüse (ungefähr 30 Prozent seiner Tagesration), das stets sehr fein püriert wird – was mit einem leistungsstarken Mixer oder Pürierstab am besten gelingt. Dazu kommt immer ein Teelöffel kalt gepresstes Pflanzenöl (vorzugsweise Lein-, Walnuss- sowie Raps-Öl) oder Fischöl (z. B. Lachs-Öl), damit auch die wertvollen fettlöslichen Vitamine dieser Nahrungsmittel aus dem Darm aufgenommen werden können und der Gesunderhaltung des Hundes zugute kommen.

Pflanzliche Kost im Napf

Damit der Hund vegetarische Kost überhaupt verwerten kann, muss diese zuvor sehr fein püriert werden. Denn erst durch diesen mechanischen Prozess werden die harten Zellstrukturen so stark zerstört und deren Oberfläche so deutlich vergrößert, dass auch der Verdauungsschlauch des Hundes gut damit klarkommt. Je feiner püriert, desto besser. Nur zu viel darf es nicht sein, sonst kann es zu Durchfall oder Blähungen kommen, weil die wenigen anaerob arbeitenden Mikroorganismen im Hunde-Dickdarm dem Pflanzenmaterial dann nicht mehr Herr werden und Fäulnisprozesse die unangenehme Folge sind. Für ein Leben als Vegetarier taugen Hunde einfach nicht!

Geeignete Obstsorten
Äpfel

Regelmäßig und reichlich füttern. Vor dem Pürieren unbedingt Kerngehäuse bzw. die Kerne entfernen, damit das darin enthaltene Blausäure abspaltende Glykosid Amygdalin nicht ins Mus übertritt. Ein bis zwei genaschte Apfelbutzen pro Woche sind ungefährlich, zumal die

12 Zutaten für eine ausgewogene Rohernährung

Um Inhaltsstoffe zugänglich zu machen, wird vegetarische Kost kurz vor dem Verzehr püriert.

Kerne dabei selten ausreichend zerquetscht werden, sodass Blausäure austritt. Häufig und in größeren Mengen konsumiert, kann dieses Gift jedoch neurologische Störungen auslösen. Äpfel haben vielfältige positive Wirkungen auf die Gesundheit: „One apple a day keeps the doctor away" – gilt auch für den Hund.

Aprikosen
Regelmäßig, aber nicht mehr als zwei bis drei Früchte täglich (mittelgroßer Hund). Steine, welche ebenfalls blausäurehaltig sind, unbedingt entfernen. Aprikosen wirken appetitanregend und etwas harntreibend.

Bananen
Für den mittelgroßen Hund maximal drei Bananen pro Woche; sehr bekömmliches süßes Obst, das zu reichlich gefüttert jedoch zu Verstopfung führen kann. Beruhigt und schützt die Magen- und Darmschleimhaut. Reich an Kalium.

Birnen
Ein mittelgroßer, nicht zu Blähungen neigender Hund verträgt zwei bis drei kleine Birnen pro Woche ausgezeichnet; besser täglich kleine Mengen geben als einmal eine große Portion. Vor dem Pürieren Kerngehäuse entfernen! Birnen regen die Darmperistaltik an und können bei zu reichlicher Fütterung zu

Durchfall führen. Die basischen Inhaltsstoffe schützen vor Übersäuerung.

Brombeeren

Regelmäßig kleine Mengen, allerdings nur sehr reife Beeren geben, da sie unreif sehr sauer sind und dann möglicherweise verschmäht werden!
Ideales Antidurchfallmittel – dann täglich mindestens eine Handvoll unters Futter mengen. Brombeeren gelten als krebsvorbeugend. Über die Reifesaison reichlich ernten und in kleinen Portionen einfrieren.

Erdbeeren

Gelegentlich geben; ca. 10 sehr reife Früchte pro Tag in der Erdbeersaison sind genug. Helfen bei Durchfall.

Himbeeren

In der Saison täglich eine Handvoll in den vegetarischen Brei mischen. Appetitanregend. Unterstützen die Regeneration der Darmschleimhaut etwa nach Wurm- oder Giardienbefall.

Johannisbeeren

Regelmäßig füttern. Deshalb in der Erntesaison den Jahresbedarf sowohl an roten wie schwarzen Beeren besorgen und in kleinen Portionen einfrieren. Sehr hoher Vitamingehalt speziell an Vitamin C.

Stärken die körpereigenen Abwehrkräfte, harntreibend, probates Antidurchfallmittel. Knapp überreif sind sie am leckersten.

Kirschen

Nur selten geben. Stets sehr reife Früchte verwenden (Steine entfernen!). Natürliches Mittel gegen Arthritis.

Pfirsiche und Nektarinen

Regelmäßig in mittleren Mengen unters Futter mischen (Steine entfernen!). Stärken das Immunsystem und regen die Verdauung an.

Besser meiden!

Säurehaltiges Obst

Stark säurehaltiges Obst wie Orangen, Mandarinen, Ananas und Kiwis sind weniger gut geeignet und sollten, wenn überhaupt, nur sehr selten gereicht werden. Ebenso wie Zwetschgen, Pflaumen und Mirabellen, die abführend wirken und sehr gärfähig sind, was zu Magen-Darm-Beschwerden führen kann.

Weintrauben und Rosinen

Weintrauben und Rosinen sollten nicht gefüttert werden. In größeren Mengen (ab ca. 11 bis 14 Gramm Trauben bzw. Rosinen pro kg Körpergewicht) können diese süßen Früchte sogar tödlich wirken – ähnlich wie Kakao und (Bitter)Schokolade, die ebenfalls nicht auf den Speisezettel eines Karnivoren gehören.

14 Zutaten für eine ausgewogene Rohernährung

Geeignete Gemüsesorten
Brokkoli
Höchstens 2 x in der Woche 2 bis 3 Röschen (faserreiche harte Strünke verwenden Sie besser für Ihre Gemüsesuppe!). Sehr vitamin- und mineralstoffreich.

Karotten
Regelmäßig und reichlich füttern. Kleinere Mengen jeden Tag sind besonders günstig für die Gesunderhaltung des Hundes – seines Darmes ebenso wie seines Immunsystems. Reich an Karotinen, Vitaminen, Mineralstoffen und Pektin. Ideal als Schonkost.

Salate
Regelmäßig füttern. Vor dem Pürieren besonders gründlich waschen! Reich an Chlorophyll (besonders die grünen Sorten), hochwertigen pflanzlichen Eiweißen sowie Mineralstoffen und Spurenelementen.

Salatgurken
Ungefähr zweimal pro Woche eine halbe Frucht. Basenreiche Gemüsesorte mit harntreibender Wirkung. Wegen der Bitterstoffe in der Schale besser geschält verwenden, da sonst u. U. das komplette Obst-Gemüse-Mus abgelehnt wird.

Obst und Gemüse: immer so frisch und so reif wie möglich, und vor Verwendung gründlich waschen. Schälen ist nur bei Ware aus konventionellem Anbau nötig.

Vitamin C

Grüne Zucchini-Früchte enthalten ebenso wie Sellerie und Karotten die sogenannte Malonsäure, welche u. a. mit der Entstehung von Krebs in Zusammenhang gebracht wird. Speziell Vitamin C kann helfen, diese Substanz abzubauen und unschädlich zu machen, sie also in gewissem Grade zu neutralisieren. Obwohl sowohl Karotten und Sellerie als auch Zucchini reich an natürlichem Vitamin C sind, ist es (da gerade diese drei Gemüsesorten für Hunde besonders gut verträglich sind und daher reichlich gefüttert werden sollten) trotzdem ratsam, dem vegetarischen Mix stets noch etwas Vitamin C hinzuzufügen – etwa in Form von Löwenzahnsaft, zerstoßenen Brennnesselblättern, als Püree aus Johannisbeeren, Himbeeren oder Brombeeren, als Hagebutten-Mus (siehe unter: Gartenkräuter und Heilpflanzen) oder Hagebutten-Pulver beziehungsweise Acerola – der beliebten, äußerst Vitami- C-reichen Kirschfrucht aus Mittelamerika. Beides bekommen Sie im Reformhaus (Acerola meist als Tablette gepresst; daher zunächst im Mörser fein zerreiben). Reines Vitamin-C-Pulver ist weniger geeignet, da manche Hunde darauf mit Magenreizungen reagieren und es außerdem vom Körper schlechter verstoffwechselt wird als Vitamin C aus natürlichen Quellen.

Abgesehen von seiner „neutralisierenden" Wirkung hat dieses wasserlösliche Vitamin noch zahlreiche andere positive Effekte. So fördert es z. B. die Aufnahme von Kalzium aus dem Darm in den Körperkreislauf sowie dessen Einbau in die Knochen. Grund genug, Vitamin C regelmäßig zuzufüttern – nicht nur beim Welpen mit seinem erhöhten Kalziumbedarf.

Sellerie

Regelmäßig in kleinen Mengen geben. Enthält hohe Konzentrationen an ätherischen Ölen (weshalb dieses Gemüse während einer Behandlung mit Homöopathika nicht gefüttert werden darf: starke Wirkungsminderung!), außerdem viel Kalium und Folsäure. Wirkt leicht harntreibend.

Zucchini

Regelmäßig und reichlich unter das vegetarische Mus geben. Grüne Früchte vor dem Pürieren schälen, da vor allem in der Schale hohe Gehalte an Malonsäure, einem Stoffwechsel- und Zellgift, enthalten sind. Basenreich, wirken einer Übersäuerung des Körpers entgegen. Enthalten neben Bitter-, auch gesundheitsfördernde Schleimstoffe sowie viele Mineralstoffe und Spurenelemente.

Wo ist Vorsicht geboten?

Hülsenfrüchte wie Erbsen, Gartenbohnen und Sojabohnen (enthalten u. a. Stachyose, Phytinsäure, Phasin), Kohlpflanzen (enthalten u. a. Stachyose, Raffinose) – außer dem kaum blähend wirkenden Brokkoli – sowie Nachtschattengewächse wie etwa Tomaten, Paprika, Auberginen und Kartoffeln (u. a. Solanin als Inhaltsstoff) sind für die Rohfütterung völlig ungeeignet.

16 Zutaten für eine ausgewogene Rohernährung

Schreckgespenst Knoblauch

Knoblauch ist längst nicht so gefährlich für Hunde wie oft dargestellt. Was schon Paracelsus wusste, sollten auch wir im Hinterkopf behalten, nämlich, dass es stets die Dosis ist, worauf es ankommt. Die gesundheitsfördernden Wirkungen des Knoblauchs (etwa seinen hemmenden Effekt auf freie Radikale) darf man ruhig nutzen – mit maximal zwei kleinen Zehen pro Woche für den mittelgroßen Hund. Nur mehr sollte es nicht regelmäßig sein, ansonsten ist nicht auszuschließen, dass es tatsächlich zu Symptomen von Blutarmut kommt. Ob derartig kleine Mengen an Knoblauch allerdings ausreichen, um vermittels seiner ätherischen Öle einen Ektoparasiten abwehrenden Effekt (z. B. auf Zecken, Flöhe, Milben) zu entfalten, ist mehr als fraglich.

Rohe Hülsenfrüchte sind sogar toxisch für Hunde, ebenso wie die zu den Lorbeergewächsen gehörende Avocado (enthält u. a. Persin).

Kohlpflanzen sind selbst in püriertem Zustand kaum verdaulich und darüber hinaus ausgesprochen gärfähig, was die Gefahr von Magendrehungen und schlimmen Bauchkrämpfen drastisch erhöht.

Zwiebelgewächse wie z. B. Küchenzwiebeln und Lauch (enthalten u. a. Schwefelverbindungen) gehören ebenfalls nicht in den Hundenapf – ausgenommen sind winzige Gaben von Knoblauch (welcher ebenfalls zu den Zwiebelgewächsen zählt) zu therapeutischen Zwecken. Sogar bei Sprossen ist Vorsicht geboten, etwa bei denen von Luzerne (Alfalfa), einer Hülsenfrucht. Alfalfa-Sprossen enthalten das Fraßgift L-Canavanin, welches als Gegenspieler der essenziellen Aminosäure Arginin wirkt und dem Organismus schaden kann. Wenn überhaupt dürfen diese Sprossen erst nach dem siebten Keimtag (fein püriert) in den Hundenapf, da es mindestens solange dauert, bis dieser Giftstoff abgebaut ist.

Heilsame Wirkungen von Äpfeln, Karotten und Co.

Äpfel, Aprikosen und beispielsweise Karotten enthalten reichlich Pektine, das sind pflanzliche Polysaccharide, die vielfältige positive Wirkungen im hundlichen Organismus zeitigen. Im Verdauungstrakt beispielsweise quellen sie schleimartig auf und schützen so die Magen- und Darmschleimhaut. Als eine Art löslicher Ballaststoff können sie helfen, Schlacken und Giftstoffe aus dem Darmtrakt zu entfernen und (wegen ihrer Effekte auf den Füllungsdruck im Darmschlauch) auch die Ausscheidungsfunktion als solche hilfreich unterstützen. Auch sind speziell die Karotten-Pektine nachgewiesenermaßen in der

Obst und Gemüse 17

Lage, das Darmmilieu derart günstig zu verändern, dass Endoparasiten wie z. B. Bandwürmer sich dort weniger wohl fühlen. Als wirklich effektives Entwurmungsmittel bei starkem Befall dienen sie allerdings nicht – auch nicht, wie oft propagiert, im Zusammenspiel mit reichlich Knoblauch! Zu guter Letzt sind die Pektine im Obst und Gemüse, ebenso wie etwa die Schleimstoffe in der Zucchini, imstande, den Säuregehalt des Körpers zu neutralisieren. Das heißt, alles was wie Fleisch-, aber auch Getreidemahlzeiten sauer verstoffwechselt wird, kann zu diesem Zweck z. B. mit Apfel-, Karotten- oder Zucchini-Mus angereichert werden.

Hunde mit ihrem ausgesprochen kurzen Verdauungsschlauch und der gewollt schnellen Darmpassage des Futter-Breis benötigen für eine geregelte Darmtätigkeit zwar wesentlich geringere Mengen an Ballaststoffen in ihrer Nahrung als wir, ganz ohne diese kommen aber auch sie nicht aus. Gelegentlich eine rohe, grob geraspelte Karotte bzw. ein geraffelter Apfel können hierzu genauso dienlich sein wie ein paar Büschel Grashalme, mit denen die Vierbeiner sich regelmäßig selbst versorgen.

18 Zutaten für eine ausgewogene Rohernährung

Getreide

Braucht der Hund Getreide? Brauchen tut er's streng genommen nicht. Welcher urtümliche Wolf stand schon auf gegarte Bandnudeln? Doch im Ernst. Als Energielieferanten benötigen sie Getreide nicht – weder Wolf noch Hund. Beide beziehen die Leistungsspender für ihren Bau- und Energie-Stoffwechsel vor allem aus den Nahrungsfetten und zu einem geringeren Teil aus den Eiweißstoffen des Futters.

Getreide für den Hund?

Kleine Mengen verkraften gesunde Hunde spielend. Wenn der Anteil dieser rasch sättigenden und schnell dick machenden Nahrungskomponente in ihrer Tagesration allerdings dauerhaft hoch ist oder sogar den Hauptteil jeder Mahlzeit ausmacht, scheinen langfristig gesehen erhebliche Gesundheitsrisiken damit verbunden zu sein – angefangen von Allergien, über Verdauungsprobleme bis zu Krebserkrankungen.

Die meisten Hunde lieben sie: steinhart getrocknete Brötchen oder Brotscheiben.

Vorbehandlung von Getreide

Getreide muss immer vorbehandelt werden, entweder indem es sehr weich gegart oder zumindest fein geschrotet und dann mindestens zwölf Stunden in Wasser oder Fleisch- bzw. Gemüsebrühe eingeweicht und vorgequollen wird, damit der Hundedarm es überhaupt verwerten kann. Bei Getreide-Flocken (Hafer-, Dinkel-, Reis-, Hirseflocken), die bereits mechanisch bearbeitet und hitzebehandelt sind, genügt es, sie 15 bis 30 Minuten einzuweichen.

Glutenfreie Sorten

Möchten Sie dann und wann ein bisschen Getreide füttern, verwenden Sie glutenfreie Sorten. Denn gerade der Kleber Gluten scheint für die bei (übertriebener) Getreidefütterung – und hier vor allem von Weizen – nicht selten zu beklagenden Futtermittelunverträglichkeiten verantwortlich zu sein. Als glutenfreie Sorten bieten sich an: Reis, Wildreis, Hirse, Buchweizen, Mais(grieß) und Amaranth. Diese Kohlenhydratlieferanten sind weniger gärfähig als Weizen, Dinkel, Gerste und Co. Doch können Sie auch gekochte Nudeln aus Hartweizengrieß, Dinkel- oder Weizenmehl verwenden, ebenso die fettreichen Haferflocken mit ihrem hohen Anteil an Vitamin E sowie den ungesättigten Fettsäuren.

Mineralstoffversorgung

Wird regelmäßig Getreide gefüttert, ist unbedingt darauf zu achten, dass der Hund immer mal wieder eine Extraportion Kalzium bekommt, z. B. in Form von Knochen, sehr fein zermörserter Eierschale oder Kalkpulver. Der Grund: Getreide enthält erhebliche Mengen an Phytinsäure, einer bioaktiven Substanz, die vor allem Kalzium, aber auch Magnesium, Eisen und Zink bindet und damit die Mineralstoffversorgung des Körpers verschlechtert. Zudem müssen die hohen Phosphatgehalte von Getreideprodukten durch angemessene Kalziumgaben ausgeglichen werden, damit der Mineralstoffhaushalt des Vierbeiners nicht aus dem Gleichgewicht gerät.

Vollkornprodukte

Es ist übrigens nicht klar zu sagen, ob Vollkorngetreide und Naturreis in der Hundeernährung den jeweiligen Auszugsprodukten wirklich vorzuziehen sind. Obwohl im Getreidekeim und in den Schalen äußerst wertvolle Inhaltsstoffe stecken, die auch der hundliche Organismus gut gebrauchen kann, ist das naturbelassene Getreide für den Hundedarm nochmals eine Stufe schwieriger zu knacken – mit der Gefahr, dass der Nahrungsbrei nun noch länger in seinem Darm verweilt, als das bei Getreidefütterung ohnehin schon der Fall ist. Deshalb: Vollkornprodukte besonders lange einweichen oder garen.

Vorsicht bei Kartoffeln
Vor dem Garen von Kartoffeln grüne Stellen und „Augen" großzügig ausschneiden, denn diese enthalten das giftige Solanin, ein Alkaloid, das auch durch Hitzebehandlung nichts an Toxizität verliert – dabei allerdings ins Kochwasser übergeht. Deshalb: Kochwasser wegschütten und nicht zur Zubereitung des Pürees verwenden.

Kartoffeln
Was für rohes Getreide gilt, gilt auch für Kartoffeln, einem ebenfalls sehr stärke- und zudem äußerst eiweißreichen Lebensmittel: In rohem Zustand sind sie absolut unverdaulich für Hunde. Vor dem Verfüttern müssen Kartoffeln deshalb (am besten mitsamt Schale) sehr weich gegart, zerstampft und zu einem sämigen Brei verrührt werden. Für uns fast unfassbar, aber wahr: Große Stücke roher Rinderknochen verdaut der trainierte Hundemagen mühelos in höchstens 48 Stunden zu Knochenmehl. Eine einzelne kleine gegarte unzerdrückte Kartoffel kann ihm hingegen derart schwer im Magen liegen, dass er sie (selbst noch drei Tage nach dem Verzehr) als Ganzes und völlig „unversehrt" wieder hervorwürgt. Wegen des anatomischen Aufbaus des Magens können Hunde nämlich „selektiv" erbrechen.

Füttern Sie Kartoffeln nicht zu oft und nicht zu üppig. Für einen mittelgroßen Hund sollten es über eine Woche gesehen nicht mehr als sieben kleine Knollen sein.

Getreide immer getrennt füttern
Schlagen Sie die Getreidemenge bzw. die Kartoffeln rechnerisch der Gemüse-Obst-Portion zu, also dem 30%-Anteil Pflanzenkost in der Tagesration Ihres Hundes, und reichen Sie Getreide am besten allein, Kartoffeln auch zusammen mit dem vegetarischen Brei. Aufgrund der unterschiedlichen Verdauungszeiten von Getreideprodukten respektive Kartoffeln und Fleisch, Innereien oder beispielsweise Eiern ist es nämlich nicht günstig, sie gemeinsam mit diesen in den Futternapf zu füllen. Eine Zeitspanne von ungefähr sechs Stunden sollte dazwischen liegen.

Fleisch und Knochen

Fleischige Stücke mit Sehnen und Fett, Knorpel, Knochenanteile und Innereien, das sind die Hauptnahrungskomponenten bei der Rohfütterung. Dabei ist Abwechslung Trumpf – womit sich die bange Frage nach der Ausgewogenheit nicht mehr stellt.

Fleisch, Innereien, Pansen, fleischige Knochen und Knorpel stellen den Löwenanteil am Hundemenü:

- 70 % sollten es im Mittel sein.
- Max. 30 % reine Knochen-Knorpel-Menge
- Max. 10 % Innereien
- Ca. 20 % Magen und Mageninhalt (Pansen)
- 40 – 50 % Fleisch (respektive für Eier und Milchprodukte, die hin und wieder eine Fleischmahlzeit ersetzen können – siehe S. 39)

Auswahl

Besonders gut geeignetes Frischfleisch für die Rohfütterung stammt z. B. vom Geflügel (Hühnchen, Pute), Rind (auch Kalb) oder Lamm. Auch das fettarme Kaninchen-, Ziegen- und Pferdefleisch oder das fettreiche Fleisch von Entenvögeln können Sie ab und an verfüttern, ebenso Wild (Reh, Hirsch), sofern es zuvor auf Wurmbefall kontrolliert wurde. Hühnchen-, Puten- und Kaninchenfleisch sind ideal für den Anfang, also für die ersten Tage/Wochen der Umstellung auf Rohkost, und ebenso für die Ernährung von Welpen und Althunden. Denn diese Fleischsorten sind nicht nur fettarm, sie haben überdies einen sehr hohen Anteil an wertvollen, leicht verdaulichen Proteinen, die speziell der wachsende, aber auch der alternde Organismus in besonderem Maße benötigt. Innereien, Knorpel und Knochen nehmen Sie am besten vom Kalb, Rind, Geflügel oder Kaninchen.

Fleischqualität

Achten Sie bei Ihrer Wahl unter anderem darauf, wie die Schlachttiere gelebt haben, und bevorzugen Sie solche aus ökologisch geführten Betrieben mit

Bio-Siegel. Rasch und mit Industriefutter gemästete Tiere, die niemals in ihrem kurzen Dasein auf Weideland grasen durften, haben – das ist hinreichend bewiesen – minderwertigeres Fleisch und minderwertigere Knochensubstanz als natürlich aufgewachsenes und mit unbehandeltem Futter ernährtes Schlachtvieh. Fleisch von rasch großgezogenen Masttieren scheint darüber hinaus – sogar in roher Form – weniger sogenannte essenzielle (das sind lebensnotwendige) Fettsäuren aufzuweisen. Deshalb ist es günstig, dann selbst einem gebarften Hund speziell solche Fettsäuren zuzuführen, um sein Futter noch ausgewogener zu machen. Vor allem die Omega-3-Fettsäuren sind hierbei sehr wichtig (siehe unter: Öle, Fette, Nüsse und Fisch, S. 34). Fettsäuremangel macht sich übrigens u. a. in schlechter Fellqualität und Juckreiz bemerkbar.

Knochen für den Haushund? Ja, aber roh!

Geeignete Stücke

Schieres Muskelfleisch ist der wertvollste Teil des Schlachttieres, da es den höchsten Anteil an leicht verdaulichen Proteinen aufweist. Für die Hundefütterung brauchen Sie selbstverständlich kein Filet zu kaufen, im Gegenteil: Die Fleischanteile, welche ordentlich Fett (mind. 20 %) und auch etwas mehr Bindegewebe (also Sehnen und Knorpel)

Schweinefleisch

Schwein (auch Wildschwein) ist in der Rohfütterung tabu – sowohl das Muskelfleisch als auch die Innereien, Knorpel und Knochen. Eine einzige Mahlzeit davon könnte für den Hund tödlich sein, wenn sich Aujeszky-Viren darin tummeln. Obwohl die Infektionsgefahr zurzeit hierzulande recht gering ist, wäre die Verfütterung dennoch ein völlig unnötiges Risiko für den Vierbeiner.

enthalten, sind besser geeignet. Denn Fett dient in der Rohfütterung als hauptsächlicher Energielieferant. Und fortwährend, sowie ausschließlich fettarme Proteinbomben im Hundemagen können bei einem ausgewachsenen Tier tatsächlich rasch zu Mangelsymptomen führen. Außerdem ist schieres Muskelfleisch arm an sogenannten Glykosaminen, das sind Stoffe, die bei der Bildung der „Knochenschmiere" benötigt werden und für die Gesunderhaltung der Gelenke bedeutsam sind. Entscheiden Sie sich deshalb für diejenigen Fleischteile, die Sie in Ihrer Küche eher braten und kochen anstatt „kurz braten" würden, also z. B. für Rinderhals. Derartige Muskelfleischsorten sind gemeinhin unter der Bezeichnung Suppen- oder Kochfleisch erhältlich. Besonders preiswert können Sie einkaufen, wenn Sie nicht nur „Ausgebeintes" nehmen, sondern regelmäßig „wie gewachsen" vorziehen, also Fleischstücke wählen, die noch den dazugehörigen Knochen- bzw. Knorpelanteil umfassen, (z. B. Beinscheiben vom Rind, Ochsenschwanz, Suppenfleisch mit Knochen, Spannrippe, Hohe Rippe und Ähnliches). Am günstigsten ist es, wenn Sie mehrere „Fleisch-Quellen" auftun (verschiedene Metzgereien, Schlachthäuser, Bauern mit Eigenschlachtung oder bequem über das Internet ausfindig zu

machende Tierfutter-Frischfleisch-Lieferanten). Dann können Sie nicht nur preislich besser abwägen, sondern auch große Vielfalt in den Futterplan Ihres Hundes bringen – und das ist es, was zählt. Denn Einseitigkeit ist schädlich und der größte Fehler, den man bei der selbstbestimmten alternativen Fütterung seines Tieres machen kann. Doch haben Sie erst einmal entdeckt, wie groß die Auswahl ist, wird diese Gefahr bestimmt nicht bestehen. Möchten Sie Fleisch etc. längere Zeit aufbewahren, frieren Sie dieses nach dem Kauf rasch ein – und lassen Sie es vor dem Verfüttern langsam (am besten im Kühlschrank) wieder auftauen.

Vorteile von Fleisch

Der Organismus des Hundes ist auf eine eiweißreiche, fleischbetonte Rohkost eingerichtet. Rund 20 Prozent reines Eiweiß braucht er zum Leben, und gerade soviel enthält Fleisch im Mittel. Fleisch (besonders solches in roher Form) wird rascher verdaut als sonst ein Futter, und es hat eine hohe sogenannte Bioverfügbarkeit. Das bedeutet, dass der Hund weniger davon zu sich nehmen muss als von jedem anderen Nahrungsmittel, um seinen Nährstoffbedarf zu decken. Auch die rückwärtig ausgeschiedenen Häufchen sind nach überwiegender Fleischfütterung weniger voluminös, dafür aber schön dunkelbraun gefärbt und glänzend.

Gemischt ist Trumpf

(z. B. von Kalb, Rind, Lamm, Geflügel, Kaninchen)

- reines zartes Muskelfleisch
- fetteres, faserigeres „Suppenfleisch" ohne Knochen
  - Mittelbrust
  - Rinderhals (Kamm/Nacken)
  - Rinderzwerchfell (beim Kalb Kronfleisch genannt)
- fleischige Schlachtabfälle ohne Knochen
  - Stichfleisch (Fleisch, in welches beim Schlachten zum Entbluten des Tieres eingestochen wurde, und das aus hygienischen Gründen nicht über die Ladentheke wandern darf)
  - Kopffleisch
  - Zunge
  - Lefzen
  - Schlund (Speiseröhre)
    Den langen Speiseröhren-Schlauch nicht als Ganzes anbieten, sondern erst vollständig längs aufschneiden, damit der Vierbeiner beim Abschlucken keine Probleme damit bekommt.
  - Euter

1 Muskelfleisch vom Rind
2 Schlundfleisch vom Rind
3 Ungereinigter Pansen vom Weiderind
4 Rinderherz

Innereien

(vorzugsweise vom Kalb, Rind, Lamm, Kaninchen, Geflügel)

- Blut, geronnen (mineralstoffreich)
- Herz (zartes, sehr phosphatreiches Muskelfleisch)
- Leber (enthält sehr viel Vitamin A, B-Vitamine, Biotin, Kupfer und Eisen; kann als Stoffwechsel- und Entgiftungsorgan auch z. B. Schwermetallrückstände aufweisen)
- Lunge (sehr faserreich und als einzige Innerei roh relativ schwer verdaulich – ideal fürs Dickerchen; wirkt schon in kleineren Mengen leicht abführend)
- Milz (reich an Blutzellen)
- Niere (sehr hoher Purin-Gehalt; kann als Stoffwechselorgan schadstoffbelastet sein)

Die hier aufgeführten Innereien dürfen – mit 5 bis max. 10 % des „tierischen" Anteils der Futterration rechnerisch gesehen höchstens einmal wöchentlich auf den Speiseplan.

Vorsicht geboten

Für Hunderassen, die zu Nieren- und Blasensteinen neigen, ist Niere kein geeignetes Nahrungsmittel. Bei solchen Tieren sollten Innereien generell sehr selten auf dem Speiseplan stehen.

Fester Stuhlgang

Ist der Stuhlgang des Hundes über mehrere Tage wesentlich fester als gewöhnlich (möglicherweise, weil der Knochenanteil in seinem Futter recht hoch war), ist es durchaus legitim, kurzzeitig ein bisschen mehr Lunge, Leber oder Milz, ggf. auch etwas (mehr) Kuhmilch zu füttern, um dem zu begegnen und dem Hund so den Kot-Absatz zu erleichtern.

Da es bei zu reichlicher Gabe leicht zu Fehlgärungen im Darm und damit zu Blähungen, aber auch zu Durchfall kommt, ist es allerdings günstiger, die Gesamtmenge über zwei bis drei Tage verteilt anzubieten. Kühl gelagert, nicht luftdicht verschlossen, so verderben auch Innereien währenddessen nicht.

Eingeweide – „lecker" und gesund

- Geflügel-Mägen (gereinigt)
- Kaninchen-Mägen (ungereinigt oder gereinigt)
- Rindermagen (ungereinigt oder gereinigt): Pansen, Netzmagen, Blättermagen
  Auf Fremdkörper achten, die das Weiderind möglicherweise aufgenommen hat! Und insbesondere beim Blättermagen mit seinen vielen großen und tiefen Hauttaschen das vorverdaute Grün etwas ausschütteln,

Luftröhre vom Rind (aufgeschnitten!)

damit die vegetarische Portion in der Mahlzeit nicht zu umfangreich wird und zu Durchfall führt. Ansonsten darf ungereinigter Rindermagen regelmäßig zweimal pro Woche in den Napf. Er ist eine vollwertige Mahlzeit, die eigentlich keinerlei Zusätze bedarf. Nur ein kleinerer Knochen oder etwas Eierschale für die Kalziumversorgung sollten nicht fehlen.

Knorpeliges
- Kehlkopf, vorzugsweise vom Kalb, Rind, Lamm oder Pferd
- Luftröhre (Strossen), von Kalb, Rind, Lamm, Pferd

  Luftröhre nie als Ganzes geben! Zunächst die Knorpelspange längs aufschneiden und dann in ca. 15 cm lange Stücke teilen. So kann sich der Hund nichts über die Zunge oder den Kiefer stülpen. Und auch nicht zu reichlich füttern, vor allem nicht bei magenempfindlichen Hunden. Ein scharfes Messer mit langer Klinge oder ein Küchenbeil eignen sich für die Bearbeitung von Knorpeln (oder auch weichen Knochen) am besten; dazu ein stabiles rutschfestes Küchenbrett: Perfekt!

Fleischknochen und Fleisch mit Knochen
(je höher der Fleischanteil am Knochengewebe, und je jünger das Schlachttier, umso besser). Wichtig: Lange Extremitätenknochen unbedingt meiden!

Tipps zur Handhabung von Rinder-Mägen

Pansen, Netz- und Blättermagen schneidet man in große quadratische Stücke, von denen sich der Vierbeiner anschließend selbst maulgerechte Happen abreißen kann. Möchte man speziell vom Pansen und Netzmagen (Blättermagen ist zarter) kleinere Portionen für den Napf vorbereiten, gelingt das meist schneller, wenn man nicht mit einem Messer, sondern mit einer großen Haushaltsschere zu Werke geht, oder, wenn man diese kompakt-ledrige Kost in noch leicht gefrorenem Zustand bearbeitet, dann allerdings mit einem sehr scharfen Messer mit möglichst langer Klinge. Dass man sich während dieses äußerst geruchsintensiven Prozederes in einem gut belüfteten Raum oder besser im Freien aufhält, versteht sich von selbst – und dass auch der Vierbeiner gleich zu Beginn der Pansenbeschneidung seine Tagesration davon abbekommt ebenso. Ich jedenfalls kann der Dauerbelagerung durch eine Gruppe literweise Bindfäden sabbernder canider Individuen dabei nicht lange standhalten ...

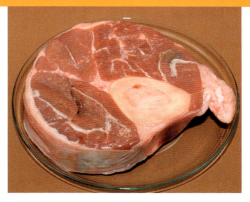

Rinder-Beinscheibe   *Ochsenschwanz*

- Geflügelhälse (ideal für den noch unerfahrenen vierbeinigen „Nager" sowie für Welpen und Althunde)
- Flügel von Hühnern, Puten, Enten
- Karkassen (Rückenteile von Geflügel und z. B. Kaninchen)
- ganze junge Hühner
  Keine Suppenhühner anbieten! Sie sind meist sehr alt und haben demzufolge sehr viel härtere Knochen als Jungtiere, was insbesondere bei den langen, zum Splittern neigenden Röhrenknochen gefährlich für den Hundedarm werden kann. Außerdem sind alte Knochen minderwertiger, was ihre natürlichen Inhaltsstoffe betrifft, und sie können während des längeren Lebens ihrer Besitzerinnen mehr Schadstoffe eingelagert haben.
- Kaninchenköpfe (mit Fell und Ohren)
- Kaninchen (ganze, junge Tiere mit Fell, Innereien und Eingeweiden)
- Brustbein und Rippenknochen von jungen Rindern und z. B. Lämmern
- fleischige (Gelenk)Knochen vom Kalb, Rind oder Lamm

- Kalbsbrustknochen
- Markknochen vom Kalb, Rind oder Lamm
  Nichts für Welpen! Da Markknochen eine extrem harte Knochensubstanz haben, kann das ausgiebige Nagen daran zu Zahnfrakturen führen. Deshalb möglichst nur das gehaltvolle Knochenmark ausschlabbern lassen und dann wegnehmen – auch, weil sich der kleine Vierbeiner die im ausgeleckten Zustand nun freie Markhöhle eines entsprechend großen Knochens leicht über seine Zunge oder den Unterkiefer stülpen kann, was meist äußerst schmerzvoll endet. Älteren, erfahrenen Hunden passiert so ein Ungeschick in der Regel nicht.
- Beinscheiben vom Rind (Markknochen muss möglichst groß sein, damit er nicht verschluckt werden kann!)
- Suppenfleisch mit großen Knochenanteilen
- Ochsen- und Kalbsschwanz (weiche Knochensubstanz und Knorpel – ideal für Anfänger)

Heiß diskutiert: Knochen für den Hund?

Die einen lehnen die Verfütterung von Knochen rigoros ab, weil sie z. B. Schäden an den Zähnen oder im Verdauungstrakt ihres Hundes fürchten. Andere wiederum vertreten sogar die Ansicht, dass der tägliche Fleischknochenanteil möglichst hoch sein sollte – was allerdings vor allem dann nicht ganz unproblematisch ist, wenn man zu zügig mit der Umstellung auf derart große Knochenmengen beginnt. Wie so oft, ist der goldene Mittelweg der beste – auch biologisch und ernährungsphysiologisch betrachtet.

Knochen ja – aber moderat gefüttert, und vor allem die richtigen, und selbstverständlich stets in rohem Zustand.

Denn mitsamt der rohen Knochensubstanz bekommt der Hund all jene Nährstoffe in vollkommen natürlicher und richtig dosierter Menge geliefert, die sein Körper zur Ergänzung der Fleischmahlzeiten unbedingt benötigt. Freilich ist eine Supplementierung mittels Mineralstoffpulver oder Ähnlichem ebenfalls möglich. In Form eines abwechslungsreich gestalteten Knochenmenü-Plans (siehe S. 49) ist die Versorgung jedoch weitaus ausgewogener und vor allem gesünder für das Magenmilieu. Letzteres, weil beispielsweise die Freisetzung des im Knochengewebe enthaltenen Kalziums (induziert durch die Salzsäure im Magen) recht langsam vonstatten geht, was sich wiederum auf verschiedene Folgeprozesse sehr günstig auswirkt. Zudem enthalten Fleischknochen

---

Unterschiede zwischen den Rassen

Zähne

Die Härte der Zähne variiert rasseabhängig. Viele Vertreter sehr großer Hunderassen haben deutlich weichere Zähne als die sehr kleinwüchsiger Rassen, sodass das Bearbeiten harter Knochensubstanz bei ihnen unweigerlich zu einem rascheren Abrieb des Zahnschmelzes führt.

Verdauungsapparat

Und noch etwas unterscheidet die Riesen und die Zwerge von ihren Artgenossen mittlerer, sozusagen „Wolfs-Größe": Sehr große Hunderassen haben einen im Verhältnis zu ihrem Körpergewicht kürzeren und weniger weit lumigen Verdauungskanal als sehr kleine Rassen. Auch die Darmanhangsdrüsen Leber und Bauchspeicheldrüse sind bei den Riesen deutlich kleiner als bei den Minis. Möglicherweise resultieren daraus etwas unterschiedliche Leistungsfähigkeiten des Verdauungsapparates und damit auch unterschiedliche Verdauungskapazitäten.

Dies gilt es bei der Rohfütterung im Auge zu behalten. Der regelmäßige kritische Blick auf die Ausscheidungen zeigt allerdings schnell, ob der Verdauungstrakt des Vierbeiners nach einem Mehr an stopfenden bzw. abführenden Lebensmitteln verlangt, nach etwas mehr an leicht Verdaulichem anstelle von Knorpel- und Bindegewebehaltigem, usw.

Fleischknochen-Nagen: Ein buchstäblich hartes Stück Arbeit.

neben Kalzium auch die beiden Mineralstoffe Phosphor und Magnesium in einem ebenso passend auf die Ernährungsansprüche des Hundes abgestimmten Verhältnis (es sei denn, der tierische Lieferant war nicht gesund). Auch dies kommt dem gebarften Vierbeiner zugute, denn er erhält auf diese Weise alles, was sein Körper für das Wachstum und den sogenannten Betriebsstoffwechsel braucht. Auch Proteine gibt es in Knochenzellen reichlich (hauptsächlich als Kollagen, dem Strukturprotein schlechthin), ebenso essenzielle Fettsäuren. Vor allem das Knochenmark ist sehr gehaltvoll, auch an fettlöslichen Vitaminen. Zusammen mit möglichst reichlich anhaftenden Muskelfleischportionen sind Knochen daher ein hervorragendes Nahrungsmittel für den Hund.

Um es nochmals zu betonen: Roh müssen die Fleischknochen sein. Denn Knochen sind lebende Gewebe, deren wertvolle Inhaltsstoffe durch Erhitzen verändert werden und für den hundlichen Verdauungstrakt dann nicht mehr (optimal) nutzbar sind. Gekochte Knochensubstanz ist zudem deutlich schwerer verdaulich, weil das Kollagen des Knochens beim Erhitzen gelatineartig verklumpt.

Fleischknochen haben aber noch weitere Vorzüge: Knochennagen ist Kauvergnügen pur. Alle Hunde lieben das – und sie trainieren dabei buchstäblich ihren kompletten Körper. Tja und Zahnstein ist bei einem derartigen Einsatz sowieso kein Thema. Deutlich mehr Zahnabrieb, das muss man fairerweise eingestehen, gibt es dabei allerdings schon, nicht nur bei den Riesen.

Vom „Kalken" des Hundemagens

Wenn Menüs mit Kalziumpräparaten wie etwa pulverisiertem Futterkalk (vor allem dem sogenannten Kalzium-Karbonat, weniger bei Kalzium-Zitrat) angereichert werden, geschieht Folgendes:

Die im Magen des Hundes reichlich vorhandene Salzsäure schafft dort ein extrem saures Milieu mit einem pH-Wert weit unter 2 (gelegentlich fast bei pH 1). Konsumiert der Hund mit seiner Futterration erhebliche Mengen an „freiem" Kalzium, gelangt dieses gewissermaßen schlagartig in den Magen, wo es über die Bildung von Kalziumsalzen stark puffernd wirkt, das Magenmilieu also entsprechend alkalischer macht und die so wichtige Salzsäure in ihrer Funktion erheblich beeinträchtigt.

Die verminderte Leistungsfähigkeit der Salzsäure hat zur Folge, dass sich z. B. die Ansäuerung des Mageninhaltes deutlich verzögert, was wiederum dazu führt, dass die gesamte Verdauung schleppender verläuft. Vor allem aber werden jetzt gefährliche Mikroorganismen (etwa Salmonellen) und Endoparasiten nicht mehr in genügend großer Zahl abgetötet, denn diesen Part übernimmt speziell die Salzsäure sehr wirkungsvoll. Durch das Wachstum und den Stoffwechsel der pathogenen Mikroorganismen kommt es überdies zu einer erhöhten Gasbildung im Mageninneren. Dies wiederum erhöht die Gefahr der Magenblähung und mit ihr das Risiko einer Magenumdrehung. Zusammen mit der Salzsäure kann es nach übertriebener Gabe speziell von Futterkalk außerdem zu einer deutlich gesteigerten Kohlendioxidbildung kommen. Auch dies begünstigt die für den Hund lebensbedrohende Magenumdrehung.

Die Negativliste der Supplemente ist lang, das lässt sich nicht leugnen. Aus diesem Grund ist es, wenn man auf Mineralstoffpräparate und speziell pulverisierten Futterkalk nicht verzichten kann, wesentlich sinnvoller, diese dem Futter stets nur in kleinen Mengen zuzusetzen, dafür aber wirklich bei jeder Mahlzeit, um schließlich die benötigte Dosis zu erzielen. Unbedingt Dosierungsanweisung der entsprechenden Präparate beachten!

Einschleichend beginnen

Die Gewöhnung an Fleischknochen sollte sehr behutsam und folgendermaßen vorgenommen werden: Zunächst bekommt der Hund einzelne knorpelige Stücke zum Bearbeiten, dann geht man auf sehr weiche Knochenteile wie etwa Hühnerhälse über. Diese können bei Bedarf – etwa für Welpen oder Senioren – für die ersten Fütterungen durch den Fleischwolf gedreht werden. Sobald der Vierbeiner gut damit zurechtkommt, geht man zum nächsten „Härtegrad" über. Dabei heißt es wiederum, nicht zu übertreiben – und immer auf einen möglichst hohen Fleischanteil am Knochen zu achten.

Bei der Knochenmenge verfährt man ebenso mit Bedacht: Erst werden wirklich winzige Mengen gegeben und dann die Portionen über mehrere Wochen allmählich vergrößert – bis maximal 30 Prozent des „fleischigen" Anteils der Futterration erreicht sind. Ein Blick auf

Fleisch und Knochen

die festen Hinterlassenschaften des Hundes macht deutlich, ob die Dosis noch im Rahmen liegt. Ist der Kot sehr hell oder gräulich, und wirkt er wie leicht angefeuchteter Sand oder womöglich zementartig, war's zu viel.

1 g Frischknochen pro kg Körpergewicht und Tag reicht aus, um die Mineralstoffversorgung des roh ernährten (erwachsenen) Hundes sicherzustellen.

Knochen für Senioren

Bei älteren Hunden heißt es die Häufchen zunächst lückenlos zu kontrollieren. Denn zu große Mengen an Knochensubstanz im Futter können bei ihnen rasch zu hartnäckiger Verstopfung, ja sogar zu einem Darmverschluss führen.

Das liegt daran, dass alte Tiere eine wesentlich geringere Darmmotilität besitzen als jüngere und oft wesentlich weniger trinken als diese. Das führt schnell zu Anschoppungen, zementartigem Kot (dem sogenannten Knochen-Kot) sowie erheblichen Schwierigkeiten beim Kotabsatz. Solche Probleme lassen sich allerdings leicht umgehen, wenn man dem Senior die Mahlzeiten suppiger reicht als früher, eventuell auch ein bisschen fettreicher, und den Knochenanteil etwas reduziert – oder, falls er Fleischknochen überhaupt nicht verträgt, ganz auf Alternativen wie fein zermörserte Eierschalen als Nahrungsergänzung umsteigt.

Bei älteren Hunden können Knochen schnell zu Verstopfung führen. Vorsicht ist geboten.

Anfangs unter Kontrolle

Natürlich lässt man seinen Hund in der Gewöhnungsphase niemals mit seinem Nageutensil allein. So gelingt es, rechtzeitig einzugreifen, sollte er gleich zu Anfang zu große Stücke abbrechen oder zum Schlingen neigen. Ein Magen, der hinsichtlich Knochennahrung gänzlich ungeübt ist, braucht mehrere Tage, bis seine Drüsen zum einen genügend Salzsäure produzieren und ins Magenlumen abgeben, und zum anderen ausreichend große Mengen an Eiweiß spaltenden Enzymen bilden, welche für die Verdauung der Eiweiß-Komponente des Knochens, dem Kollagen, zuständig sind. Tiere, die zuvor regelmäßig mit rohem Fleisch ernährt wurden, sind da im Vorteil. Denn Rohfleisch sorgt gleichfalls für eine gesteigerte Magensaftsekretion.

Je mehr Fleisch am Knochen, umso besser verdaulich die Mahlzeit.

Ab und zu ein Riesenknochen zur Beschäftigung: So kann es nicht funktionieren. Einschleichen heißt die Devise, damit Knochenmahlzeiten bekömmlich sind.

Doch Knochennahrung induziert eine noch viel höhere. Mit langen harten Röhrenknochen, die keinerlei Fleischummantelung mehr aufweisen, kommt jedoch selbst der leistungsstarke Magensaft des Hundes nicht mehr zurecht!

Beenden der Knochenfütterung

Die gesteigerte Magensaftsekretion ist der Grund dafür, weshalb eine über längere Zeit praktizierte Knochenfütterung niemals abrupt beendet werden darf. Schlagartig abgesetzt wird die nun auf Hochtouren produzierte Magensäure sozusagen arbeitslos und sucht sich neue Betätigungsfelder. Und so traktiert sie dann solange die Magenschleimhäute, bis allgemeine Rückkopplungsprozesse die Sekretionsrate der Magendrüsen nach und nach wieder drosseln. Die Freisetzung der Mineralstoffe aus der Frischknochensubstanz wird durch die äußerst leistungsstarke Salzsäure (HCl) im Magen des Hundes bewerkstelligt. Die eigentliche Verdauung des Knochenkollagens geschieht durch das Eiweiß spaltende Enzym Pepsin. Dieses wird in der Magenschleimhaut gebildet und durch die Salzsäure aus seiner inaktiven Form (Pepsinogen) in die aktive Form (Pepsin) transferiert. Dieses Enzym wiederum ist ausschließlich im sauren Milieu des Magens wirksam, in einer basischen Umgebung arbeitet es fast nicht. Darüber hinaus säuert HCl die Nahrungseiweiße randständig an und lässt sie aufquellen, womit sie für das Pepsin leichter angreifbar und abbaubar werden. Pepsin kann aber noch mehr: z. B. Nahrungsschmarotzer verdauen.

Splittern von Knochen

Nicht nur Erhitzen verändert Knochensubstanz. Spitz und scharfkantig können bestimmte Knochen (z. B. Röhrenknochen) immer sein, egal ob roh oder gekocht. Die Pauschal-Aussage, ausschließlich gekochte Knochen könnten für den Verdauungstrakt eines Hundes gefährlich werden, stimmt demnach nicht.

Wie hart Fleischknochen sind, und ob sie zum Splittern neigen – und in der Folge extrem spitz und scharfkantig werden –, hängt entscheidend davon ab, wie stark mineralisiert sie sind. Die Mineralisierung wiederum steht mit dem Alter des Schlachttieres in direktem Zusammenhang: Je älter das Tier, umso härter und splittriger seine Knochensubstanz. Und je härter und splittriger ein Knochen ist, umso größer freilich auch die Gefahr von Zahnabsplitterungen oder etwa Verletzungen im Magen-Darm-Bereich.

Also: Je jünger ein Schlachttier ist, umso besser eignen sich seine Knochen für die Hundefütterung. Dies freilich nicht nur wegen der geringeren Knochenhärte ,sondern natürlich auch wegen der wertvolleren Inhaltsstoffe und der geringeren Schadstoffdichte.

Fleisch und Knochen sind bekanntlich nicht keimfrei. Da die Menge dieses Enzyms (wie auch die der HCl) durch die Aufnahme von Proteinen, insbesondere durch die von fleischiger Kost drastisch gesteigert wird, haben Parasiten und Mikroorganismen dennoch keine Chance sich im Magen-Darm-Trakt festzusetzen oder gar auszubreiten.

Öle, Fette, Nüsse und Fisch

Pflanzliche und tierische Öle sowie tierische Fette sind wichtige Nahrungsbestandteile, aus denen der hundliche Organismus Energie gewinnt. Doch „Fettiges" ist nicht nur Energieträger, es liefert auch Rohstoffe für den Bau von Körpersubstanzen und enthält Vitamine und Provitamine, so die fettlöslichen Vitamine A, D, E und K sowie beispielsweise das ß-Karotin, die Vorstufe des Vitamin A (Retinol).

Geeignete Öle und Fette

Einen Großteil des nötigen Fettes bezieht der roh gefütterte Hund aus Fleisch und fleischigen Knochen. Darüber hinaus braucht er regelmäßig etwas Öl – erstens für die Resorption der in seiner vegetarischen Nahrung enthaltenen fettlöslichen Vitamine, und zweitens für seine Versorgung mit essenziellen Fettsäuren, welche speziell in Fleisch von Tieren aus hochkommerzieller Mast nicht immer in ausreichendem Maße vorhanden sind. Ein Teelöffel pflanzliches beziehungsweise tierisches Öl täglich für den mittelgroßen Vierbeiner genügt. Größere Mengen sollten Sie nicht regelmäßig verabreichen, da Öle in größeren Mengen zu Durchfall führen können.

Native Pflanzenöle

Besonders hochwertig sind kalt gepresste native Pflanzenöle. Im Vergleich zu ihren raffinierten Pendants enthalten sie stets höhere Gehalte an wertvollen Inhaltsstoffen, speziell den hitzelabilen Vitaminen. Für die Anreicherung der Mahlzeiten roh ernährter Hunde eignen sich vor allem Öle, die einen hohen Anteil an (mehrfach) ungesättigten Fettsäuren wie etwa denen aus der Gruppe der Omega-3-Fettsäuren aufweisen – Lein-Öl, Walnuss-Öl und Raps-Öl. Sie enthalten neben großen Mengen an Omega-3-Fettsäuren hohe Gehalte an Vitamin E, was gerade im Zusammenspiel mit den reichlich vorhandenen ungesättigten Fettsäuren von besonderem gesundheitlichen Wert ist.

Öle, Fette, Nüsse und Fisch

> **Tipp**
> **Blähungen**
> Bei Neigung zu Blähungen oder nach dem Konsum von leicht blähend wirkenden Obst- und Gemüsesorten können Öle helfen, die Gasbildung der Dickdarmbakterien zu reduzieren und damit der Entstehung von quälenden Darmgasen vorbeugen.

Tierische Öle

Fast noch gesünder für die Ernährung des Hundes sind essenzielle Fettsäuren aus tierischen Quellen wie z. B. aus Fisch oder Fischölen, so etwa dem Lachs-Öl, das wegen seines hohen Gehalts an Omega-3-Fettsäuren auch in der menschlichen Ernährung gern als Nahrungsmittel-Ergänzungsstoff empfohlen wird. Lachs-Öl gibt es in kleinen Fläschchen im Zoo-Fachhandel.

Die Tagesdosis für einen 20 Kilogramm schweren Hund sollte 5 ml oder 1 TL nicht überschreiten.

In Drageeform ist dieses gesunde Fischöl ebenfalls zu bekommen, z. B. im Drogeriemarkt. Zwei bis drei Dragees pro Woche – mehr sollten es nicht sein. Es gibt aber Hunde, die auf die Inhaltsstoffe solcher Gelatinekapseln (nicht auf den Wirkstoff Lachs-Öl) allergisch reagieren.

Tierische und pflanzliche Fette

Butterschmalz, Gänseschmalz oder Rindertalg eignen sich ebenfalls für die Ernährung des Hundes. Allerdings enthalten diese Fette, anders als Öle, ausschließlich sogenannte gesättigte Fettsäuren (deshalb sind sie auch sehr fest und nicht wie Öle flüssig), welche für den Organismus zwar nicht weniger bedeutsam, aber eben nicht essenziell sind und daher nicht zwingend mit der Nahrung aufgenommen werden müssen.

Auch Kokosfett respektive Kokosbutter besteht überwiegend aus gesättigten Fettsäuren, wird aber schon bei niedrigen Temperaturen flüssig (Kokosöl) und verdirbt an der Luft dann besonders schnell. In jedem Reformhaus, Bio- oder Asia-Laden können Sie diese schmackhafte Kalorienbombe bekommen, die

Kokosflocken (geraspelt), Kokosfett (gekühlt)

36　Zutaten für eine ausgewogene Rohernährung

vor allem als Geschmacksverbesserer über das Hundefutter gebröckelt oder geträufelt gute Dienste leistet.

Das Haupteinsatzgebiet solcher Kokosprodukte liegt allerdings in der alternativen Endoparasiten-Prophylaxe. Viele Hundehalter schwören auf den Teelöffel Kokosöl zwei- bis dreimal in der Woche bzw. auf den täglich verabreichten gehäuften Teelöffel Kokosflocken. Doch nicht allein zur Vorbeugung wird die Kokosnuss herangezogen, sondern auch zur Bekämpfung eines bereits vorliegenden Befalls. Über die Dauer von einer Woche täglich gegeben, scheinen zwei Esslöffel Kokosöl zusammen mit jeweils einer großen, grob geraffelten Karotte und einer kleinen zerquetschten Knoblauchzehe, tatsächlich bei leichtem!! Wurmbefall Wirkung zu zeitigen – vermutlich auch aufgrund des „spülendreinigenden" Durchfalls, der gewöhnlich dadurch ausgelöst wird. Für eine effektive Entwurmung bei einem massiven Befall reicht eine derartige Behandlungsmethode freilich nicht aus, würde den Hund womöglich sogar gefährden, weil wesentlich länger therapiert und/oder viel höher dosiert werden müsste, was unweigerlich Austrocknungs- und Ausmergelungseffekte des Tieres zur Folge haben würde. Hier kommen Sie an Entwurmungstabletten nicht vorbei!

Trotzdem: Die Kokosnuss scheint Wirkstoffe zu beherbergen, die auch anderen Darmparasiten das Leben schwermacht. Als Kur angewandt und über die Dauer von vier Wochen täglich gegeben, scheint es z. B. die Reinfektion mit Giardien recht effektiv zu verhindern. (Giardien sind Einzeller, die bei massivem Befall heftige Durchfälle und Auszehrung zur Folge haben. Sie sind zurzeit leider in vehementer Ausbreitung begriffen.) Ein Teelöffel voll für einen rund 20 Kilogramm schweren Hund reicht dafür aus.

Nüsse und Ölsaaten

Kleine gesunde, fettreiche Energie-Bömbchen sind auch Nüsse und Ölsaaten. Neben den besonders wichtigen ungesättigten Fettsäuren enthalten sie viele fett- und wasserlösliche Vitamine, außerdem reichlich Mineralstoffe und Spurenelemente wie etwa Zink. Ob als Haselnuss, Cashewnuss, Erdnuss, Walnuss oder Kürbis- respektive Sonnenblumenkern – möglichst fein gemahlen über den vegetarischen Brei gestreut: Dazu sagt kein Canide „Nein". Zweimal wöchentlich ein gehäufter Teelöffel voll für den 20-Kilo-Hund ist genug; es sei denn, Ihr Vierbeiner sollte dringend etwas auf die Rippen bekommen, dann darf es auch einmal etwas mehr sein.

Öle, Fette, Nüsse und Fisch 37

Wenn Sie auf ganze Nüsse zurückgreifen und diese immer erst möglichst kurz vor der Fütterung mahlen, bleiben die wertvollen Inhaltsstoffe allesamt erhalten und das äußerst fettreiche Nahrungsmittel verdirbt nicht so rasch. Sobald Nüsse oder Ölsaaten modrig-ranzig riechen oder z. B. schwarze Flecken aufweisen, sind sie ungenießbar. Sollten Sie insbesondere bei Walnüssen verräterische Gespinstfäden oder einen feinen hellen Flaum (die Geflechte des Schimmelpilzes Aspergillus) entdecken, werfen Sie die Früchte unbedingt in den Mülleimer. Seine Giftstoffe, speziell die Aflatoxine, sind äußerst gefährlich für die Gesundheit, sie können sogar Krebs auslösen.

Aufbewahrung von Ölen

Öle, speziell diejenigen mit vielen mehrfach ungesättigten Fettsäuren, sind rasch verderblich. Sie müssen unbedingt kühl und lichtgeschützt aufbewahrt werden, damit sie nicht ranzig werden und beim Verzehr zur Bildung krebserregender Stoffe beitragen. Das Gleiche gilt für Nüsse und Ölsaaten – vor allem, wenn sie bereits in gemahlener Form vorliegen. In einem dicht schließenden Gefäß im Kühlschrank aufbewahrt, halten sie sich am besten.

Unreife Walnüsse, also diejenigen mit dem zarten grünen Häutchen auf der Frucht, dürfen nicht verzehrt werden. Sie enthalten einen Giftstoff, der erst durch den Reifeprozess abgebaut und damit unschädlich wird!

Roher Fisch für den Hund?

Bei Fisch scheiden sich die Geister: Die einen empfehlen regelmäßig rohen Fisch zu füttern (ganz und mit Gräten sowie Innereien). Die anderen raten davon ab, da speziell Süßwasserfische das Enzym Thiaminase enthalten, welches in der Lage ist, B-Vitamine zu zersetzen und damit bei häufigem Verzehr einen Vitamin B- bzw. Thiamin-Mangel verursacht. Wer Bedenken hat, verwendet ausschließlich Meeresfisch (z. B. die mageren Arten wie Rotbarsch, Scholle und Kabeljau, oder die fettreichen wie Hering, Sardine und Makrele). Oder er meidet rohen Fisch (denn eine Aufnahme von Parasiten ist generell nicht auszuschließen), gibt aber regelmäßig Lachs-Öl und Grünlippmuschel-Konzentrat über das Futter – damit der Hund in den Genuss der essenziellen Omega-3-Fettsäuren gelangt – sowie etwas Seealgenmehl, wegen der Spurenelemente Jod und Zink (siehe S. 46). Auch in Pflanzenöl eingelegter Thunfisch ist äußerst beliebt, sollte aber, wenn sehr viel des Öls anhaftet, aus Gründen der schlanken Linie nicht zu oft im Hundenapf landen. Sie können den gesamten Fisch verfüttern, also auch Kopf und Gräten. Sollten Sie bei sehr gierigen Exemplaren Bedenken plagen, dann entfernen Sie die großen Gräten, bevor Sie das Menü zusammenstellen. Wie gesagt: Lassen Sie sich zu nichts drängen! Ihr roh gefütterter Hund kann auch ohne Fischmahlzeiten glücklich sein. Wenn Sie allerdings dort zu Hause sind, wo man leicht frischen Fisch bekommen kann, ist's freilich ein Leckerbissen für ihn, den er gern alle zwei bis drei Wochen einmal schmausen darf. Denn Fisch ist ein herrlich gehaltvolles Futter mit leicht verdaulichen Nährstoffen – der sich auch als Schonkost eignet – und vielen Spurenelementen, so etwa Jod und Zink. Die fettreichen Arten sind zudem reich an Vitamin A und Vitamin D.

Fisch enthält leicht verdauliche Nährstoffe und eignet sich auch als Schonkost.

Milchprodukte und Eier

Milchprodukte sind wunderbare Eiweiß- und Fettquellen, die bei der alternativen Fütterung leider oft zu kurz kommen.

Vom Milchkonsum und dem Kultivieren von Enzymen

Die Befürchtung, dass Milchprodukte mehr schaden als nützen könnten, liegt in der Unverträglichkeitsreaktion begründet, die sehr viele Hunde nach Milchkonsum an den Tag legen. Es stimmt schon: Erwachsene Hunde, die nie zuvor mit Kuhmilch gefüttert wurden, reagieren in der Regel bereits auf kleinere Mengen mit Durchfall. Der Grund dafür: Beim ausgewachsenen Tier ist das Enzym (die Laktase), welches den in Milch reichlich vorhandenen Milchzucker (das Laktat, ein Kohlenhydrat) abbauen kann, kaum mehr vorhanden. Denn die Dünndarmzellen schrauben dessen Synthese nach der Welpenzeit mehr und mehr zurück. Es wird – entwicklungsbiologisch betrachtet – nun schließlich nicht mehr benötigt. Doch ähnlich wie bei der Magensäure, deren Sekretion je nach Bedarf gesteigert oder gesenkt wird, kann auch das Laktase-

Hochwertig und leicht verdaulich.

Enzym gleichsam aus seinem Dornröschenschlaf erweckt und seine Produktion deutlich angekurbelt werden.

Langsame Gewöhnung

Beginnt man einschleichend damit, erwachsene Hunde an Kuhmilch zu gewöhnen – mit zunächst nur ein paar Tropfen, dann immer einem klein wenig mehr davon – wird sie in der Folge fast immer sehr gut vertragen. Bekommen Hunde vom Welpenalter an regelmäßig etwas Kuhmilch ins Futter, reagieren sie

40 Zutaten für eine ausgewogene Rohernährung

als Erwachsene selbst auf größere Mengen dieses Lebensmittels nicht mit Durchfall. Einfach, weil ihre Laktase-Enzyme trainiert wurden und permanent in größerer Zahl produziert werden. Mehr als ein Kaffeetässchen voll pro Tag für den 20 Kilogramm schweren Hund darf es trotzdem nicht sein.

> **Tipp**
> **Mehr Schmackes**
> Mit Kuhmilch kann man prima Getreideflocken einweichen oder ungeliebtes Gemüse-Mus für den Vierbeiner schmackhafter machen. Mit einigen Spritzern Sahne, ein paar Butterflöckchen, etwas geriebenem Parmesankäse sowie lauwarmer Fleischbrühe oder einigen Bröckchen Thunfisch lässt sich vor allem Vegetarisches ebenso gut aufpeppen, sodass es für den anfangs vielleicht noch etwas skeptischen Hund verlockender wird.

Bakterien am Werk ...

Bei Buttermilch, Sauermilch, Dickmilch, Naturjoghurt, Hüttenkäse, Frischkäse oder Quark braucht man sich nicht „einzuschleichen". Diese Milchprodukte kann der Hund sofort problemlos verstoffwechseln, weil durch den industriellen Zusatz von Bakterien zur Milch der enthaltene Milchzucker bereits weitgehend in Milchsäure umgewandelt wurde und damit auch für den Hundedarm leicht verdaulich ist.

Obwohl Milchprodukte natürlicherweise nicht auf dem Speisezettel eines Hundes stehen würden, sind die hier genannten Lebensmittel für ihn doch sehr zuträglich und gesund – sofern man nicht übertreibt und sie weder zu oft noch zu reichlich gibt. Ein- bis zweimal in der Woche, z. B. anstelle einer Fleischration, genügt.

Hartkäse, der meist sehr salzhaltig und auch etwas schwerer verdaulich ist, sollten Sie nur dann und wann einmal anbieten, am besten in kleine Würfel geschnitten als Leckerli.

Pfoten weg von Tofu

Tofu, das quarkähnliche Nahrungsmittel aus Sojabohnenmilch, sollten Sie überhaupt nicht füttern. Er ist für Hunde –

Ein leckerer Dip aus Joghurt und Kräutern.

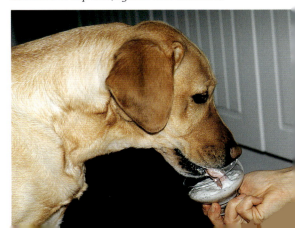

anders als oft behauptet – schwer verdaulich. Zudem stehen Sojamehl und andere Sojaprodukte im Verdacht, beim Hund Juckreiz und Hautausschläge auszulösen. Und zu allem Übel hat diese Hülsenfrucht mit ihrem auffallend hohen Gehalt an sogenannten Phyto-Östrogenen (z. B. Isoflavone) Einfluss auf den Östrogen-Haushalt des Körpers. Mögen die Pflanzenhormone bestimmter Nahrungsmittel (nicht jene aus hoch dosierten Pharmaka, bei denen es neuesten Studien zufolge zu erheblichen Nebenwirkungen auf Schilddrüsen- und Brustgewebe kommen kann!) für die Ernährung von Frauen in fortgeschrittenem Alter noch so positiv sein, bei Hündinnen, die bekanntlich keine Wechseljahre durchleben, kann man getrost auf Sojaprodukte im Futter verzichten. Für tragende oder säugende Hündinnen können diese sogar kritische Folgen haben.

Das Hühnerei: Roh oder gekocht?

Keine Frage: Eier sind überaus gesund. Sie enthalten hochwertiges, leicht verdauliches Eiweiß, viele ungesättigte Fettsäuren, Spurenelemente und Vitamine. Zudem ist die Schale eine erstklassige Kalziumquelle. Gerade Hunde im Wachstum und sehr alte Tiere profitieren von diesem bekömmlichen Lebens-

Aufgepasst!

Während einer Therapie mit Antibiotika sollten Sie keine Milchprodukte füttern, da einige dieser Pharmaka dadurch in ihrer Wirksamkeit beeinträchtigt werden. Schauen Sie deshalb auf dem Beipackzettel nach oder fragen Sie Ihren Tierarzt, ob das verordnete Medikament dazugehört. Nach Abschluss der Behandlung hingegen sollten Sie sogar reichlich Milchprodukte geben – am besten täglich und mindestens eine Woche lang. Naturjoghurt eignet sich hierzu besonders gut, vor allem die sogenannten probiotischen Erzeugnisse, in denen noch lebensfähige Mikroorganismen enthalten sind. Diese Zufütterung hilft den durch die Antibiose malträtierten Darmschleimhautzellen, sich rasch zu regenerieren.

mittel. Allerdings können speziell ältere Eier (vor allem auf der Schale) massenhaft Salmonellen beherbergen, die bekanntlich durch Erhitzen abgetötet werden, die aber, wie wir erfahren haben, auch von der Magensäure eines gesunden Hundes ziemlich erfolgreich bekämpft werden. Bevor Sie Eier roh verfüttern, machen Sie sich trotzdem zur Regel, diese gründlich und heiß abzuwaschen. So lassen sich die meisten der anhaftenden Bakterien abspülen und die Erregerfracht damit deutlich senken. Doch es sind nicht nur die Salmonellen, die vielen Kummer machen. Im rohen Eiklar finden sich überdies Stoffe, die

Der Cholesteringehalt der Eier scheint für Hunde kein Problem darzustellen.

sich – werden Eier zu oft in rohem Zustand verfüttert – negativ auf die Gesundheit des Hundes auswirken können. Es sind dies zum einen sogenannte Trypsin-Inhibitoren, welche die Eiweißverdauung hemmen und zu Verdauungsstörungen führen können. Und zum anderen das Avidin, ein Protein, welches das Vitamin H (auch Biotin genannt) bindet und somit seine Resorption verhindert und einen Biotin-Mangel induzieren kann. Beide werden durch Hitze inaktiviert. Da rohes Eigelb aber seinerseits riesige Mengen an Biotin enthält, ist (sofern man Eiklar nur zusammen mit Eigelb füttert) ein Mangel dennoch unwahrscheinlich. Außerdem werden gebarfte Hunde meist regelmäßig mit roher Leber und auch Bierhefe versorgt, zwei Nahrungsmitteln, die vor Biotin geradezu strotzen.

Dennoch: Mehr als zwei bis maximal drei rohe Eier pro Woche sollten es nicht sein.

Eierschalen – richtig dosiert

Nehmen wir an, Sie möchten als Gesamt-Futterration 30 % Vegetarisches und 70 % Fleisch, Pansen sowie Innereien füttern, jedoch auf Knochen verzichten und den Kalziumspiegel Ihres Hundes stattdessen mit Eierschalen komplettieren, dann sollten Sie seinem Futter täglich mind. 5 g sehr fein zermörserte Eierschale zufügen. Das ist rund ein gestrichener Teelöffel voll, oder anders ausgedrückt: die Schale eines mittelgroßen Eies. Diese Menge gilt nur, wenn Sie den Rationen keinerlei Getreide beimischen. Bereits bei mäßiger Getreidebeigabe sollten Sie auf 10 g erhöhen.

Eierschalen

Sie haben einen sehr hohen Kalziumgehalt (beinahe 40 %), welcher den Stoffwechsel des Hundes aber nur in ausreichender Menge erreicht, wenn die getrockneten Schalen mit dem Mörser stark zerstoßen werden, bevor man sie verfüttert. Ein ganzes gekochtes Ei mitsamt der Schale gereicht, ist zwar eine leckere gesunde Zwischenmahlzeit für den Vierbeiner. Die Schale dient indes eher als eine Art Ballaststoff, denn sie kommt in den Folgetagen an seinem rückwärtigen Ende – nur mäßig zerstoßen – wieder zum Vorschein. Bei ganzen rohen Eiern ist der Effekt nicht so deutlich ausgeprägt, denn dort lassen sich ungehackte Schalen nicht so leicht entdecken. Offensichtlich sind nicht nur Knochen in gegartem Zustand schwerer verdaulich.

Kräuter und andere gesunde Helferlein

Kräuter und viele andere Nahrungsergänzungsstoffe stärken das Immunsystem des Hundes und sorgen für seine Gesunderhaltung. Dies allerdings nur, wenn sie weder in zu großer Menge gegeben werden, noch dauerhaft bzw. über einen zu langen Zeitraum hinweg.

Eine kurmäßige Anwendung ist meist die sinnvollste Applikationsart. Deshalb bitte nur in Kleinstmengen verabreichen, damit der hundliche Organismus auch wirklich in hohem Maße von den heilsamen Wirkungen solcher Ergänzungsstoffe profitieren kann!

Gartenkräuter und Heilpflanzen

Garten- und Wildkräuter sind reich an Vitaminen, Mineralstoffen, Spurenelementen und sekundären Pflanzenstoffen wie etwa den ätherischen Ölen. Sie unterstützen die Verdauungsprozesse, wirken auf unterschiedlichste Organsysteme und Ausscheidungsvorgänge stabilisierend und verbessern ganz allgemein die Abwehrfunktionen des Körpers. Die für den Hund besonders verträglichen sind nachfolgend aufgeführt.

Die Angaben sind auf den mittelgroßen Hund abgestimmt und beziehen sich auf grob gehacktes Kraut, welches vor dem Füttern noch püriert werden sollte.

Brennnesseln (Blätter)

2 EL maximal zweimal in der Woche; reich an Vitamin C und A sowie Mineralstoffen. Wirken stoffwechselanregend

Getrocknete Kräuter enthalten deutlich geringere Mengen an ätherischen Ölen als frische.

und harntreibend. Unterstützen die Heilung akuter Entzündungen und Arthritis, helfen bei Rheuma sowie allergischen Symptomen – als Kur bis zu drei Wochen anwenden (die Dosierung richtet sich nach der Grunderkrankung, deshalb zunächst den Tierarzt befragen).

Brombeeren sowie Himbeeren (Blätter) – außerdem Früchte (siehe S. 13)

2 bis 3 EL wöchentlich; reich an Vitaminen, vor allem an Vitamin C sowie an Eisen und Gerbstoffen. Wirken harntreibend und blutreinigend; lindern Durchfall (dafür kurzzeitig die Dosis erhöhen!). Vor allem Himbeerblätter werden gern trächtigen Hündinnen bereits längere Zeit vor ihrer Niederkunft gegeben, da sie zur Auflockerung des Gewebes beitragen und die Austreibung erleichtern.

Gänseblümchen (Blätter)

1 EL wöchentlich; enthalten besonders reichlich ätherische Öle. Wirken appetitanregend, verdauungsfördernd, entzündungshemmend und schleimlösend.

Hagebutten (Früchte)

Sehr reich an Karotinoiden, Mineralstoffen und Vitamin C. Obwohl Hunde anders als Menschen Vitamin C selbst herstellen können, sollte man dieses wasserlösliche Vitamin vor allem in

Vorsicht bei Petersilie

Eigentlich zählt auch die harntreibend wirkende Petersilie zu den für Hunde geeigneten Gartenkräutern. Allerdings kann schon ein großes Büschel davon bei trächtigen Hündinnen zum Abort führen, weshalb es ihnen besser überhaupt nicht gegeben werden sollte. Bei all den anderen dürfen gelegentlich bis zu 2 EL des frischen, grob gehackten Krauts zum vegetarischen Brei in den Mixer.

Stresssituationen regelmäßig zufüttern, speziell bei Senioren, denn die Vitamin-C-Eigensynthese in der Leber lässt im Alter deutlich nach. Auch Breis aus bestimmten Obst- und Gemüsesorten sollte man Vitamin C beimischen (siehe S. 15). Hagebutten stärken die Immunabwehr, sind schwach harntreibend und wirken etwas abführend. Ideal ist die Gabe als Fruchtmus-Zubereitung: Dazu sehr reife Früchte fein hacken, durch ein Sieb streichen und mit gleicher Menge eines kalt geschleuderten Honigs verrühren. ½ bis 1 TL täglich, am besten als Kur. Als Pulver können Sie Hagebutten ebenfalls geben. Bei täglicher Anwen-

Kräuter und andere gesunde Helferlein 45

dung sollte es für den 25 kg schweren Hund nicht mehr als ½ TL voll sein, also rund 1 Gramm, was der Menge von ungefähr 10 mg Vitamin C entspricht.

Kamille, echte (Blüten)
Teeaufguss max. 4 EL täglich. Sehr hoher Gehalt an ätherischen Ölen. Wirkt beruhigend auf die Magen-Darm-Schleimhaut und entzündungshemmend.

Löwenzahn (Blätter)
Am besten als Kur über vier Wochen (z. B. als Frühjahrskur) verabreichen: 3 x täglich 1 EL fein gehackte junge Löwenzahnblätter zu Mus püriert; als Saft (vorwiegend aus jungen Blättchen selbst entsaftet, oder aus dem Reformhaus), dann höchstens 1 TL zweimal am Tag

Teeaufguss aus Kamille: 15 Minuten ziehen und sehr gut abkühlen lassen.

über das Futter geträufelt; zu viel kann Magenreizungen verursachen. Geben Sie Löwenzahnsaft häufiger, genügt 1 TL täglich. Enthält Flavonoide, viel Kalium, Vitamin C und Eisen. Durchblutungsfördernd, entgiftend, harntreibend, appetitanregend, soll Juckreiz lindern.

Ernte
Blüten – zu Beginn der Blütezeit
Blätter – vor und während der Blütezeit
Früchte – zur Reifezeit

Zubereitung
Teeaufguss 2 EL frische oder 2 TL getrocknete Kräuter mit ¼ Liter kochendem Wasser aufgießen und zugedeckt 10 Minuten ziehen lassen. Abgießen, gut abkühlen lassen und löffelweise verabreichen.
Kräuter-Öl Frische klein geschnittene Blüten und Kräuter locker in ein Glas oder eine Flasche füllen (¾ voll), mit nativem Olivenöl übergießen und gut verschließen. Für vier Wochen an einen sonnigen Ort stellen und täglich einmal schütteln. Durch ein sauberes feines Sieb abgießen und das Kraut gut auspressen: Fertig ist das selbst gemachte Kräuter-Öl – das jetzt sofort (möglichst in einem dunklen Gefäß) in den Kühlschrank wandern sollte. Haltbarkeit mindestens zwölf Wochen.

Nützliche Nahrungsergänzungsstoffe
Bierhefe

Sie enthält sehr große Mengen an Vitamin B und anderen wasserlöslichen Vitaminen etwa Biotin, außerdem Vitalstoffe, die den Stoffwechsel anregen und die Abwehrkräfte stärken. Als sogenanntes probiotisches Lebensmittel fördert Bierhefe bei regelmäßiger Gabe die Ansiedlung gesunder Bakterien im Darm, was der Verdauung und der Leistungsfähigkeit des Darm-Immunsystems des Hundes sehr förderlich ist. Zu reichlich gefüttert allerdings wird der Vierbeiner zu dick, und: Er pupst!
Dosierung Zwei bis drei Bierhefetabletten oder ein gehäufter Teelöffel Bierhefeflocken zweimal in der Woche genügen dem mittelgroßen Hund.

Seealgenmehl (z. B. Spirulina)

Mit seinen zahlreichen lebenswichtigen Vitaminen, Proteinen, Mineralstoffen (speziell Kalzium) und Spurenelementen (Jod!, Kupfer, Zink) ist Seealgenmehl ein gesunder Futterergänzungsstoff. Wegen seines extrem hohen Jod-Gehalts darf es jedoch nur in geringen Mengen verabreicht werden.
Dosierung Wird es jeden zweiten Tag gegeben, reicht jeweils eine Messerspitze voll.

> *Aufgepasst bei Nierenproblemen*
>
> Da Bierhefe viel Purin enthält, welches im Körper zu Harnsäure umgewandelt wird, sollte man bei nierenkranken Hunden auf diesen Nahrungsergänzungsstoff besser verzichten. Er belastet die Nieren unnötig. Auch Hunderassen, die zu Nieren- und Blasensteinen neigen, sollte man keine Bierhefe geben.

Grünlippmuschel-Konzentrat

Es ist schon allein wegen seines hohen Gehalts an wertvollen Aminosäuren, Mineralstoffen und Spurenelementen ein großartiger Nahrungsergänzungsstoff. Darüber hinaus enthält diese neuseeländische Meeresmuschel ungewöhnlich viele Glykosaminoglykane (GAG), die zur Regeneration von Binde- und Knorpelgewebe beitragen. Auch ein auffallend hoher Anteil an Omega-3-Fett-

Bierhefeflocken, Kalkpulver, Seealgenmehl.

säuren, unter anderem die aus fettem Seefisch bekannten Eicosapentaensäure (EPA) und Docosahexaensäure (DHA), wurde jüngst nachgewiesen.
Dosierung Bei mittelgroßen Hunden darf laut Hersteller täglich 0,5 Gramm des Pulvers verabreicht werden, wobei es als Kur (dreimal im Jahr über rund zwei Monate) wohl ebenso empfehlenswert ist. Bei Althunden mit Gelenkproblemen sollte es täglich gegeben und die Dosis bis auf 1 Gramm erhöht werden.

Honig mag der Hund

Aber braucht er ihn auch? Zum täglichen Nahrungsspektrum sollte Honig nicht gehören, denn mit seinen bald 80 % Zucker- und 15 % Wasseranteil hat er ernährungsphysiologisch gesehen keinen Nutzen. Und doch stecken in den restlichen 5 % viele organische Säuren, Enzyme und andere Eiweiße, die pharmakologisch wirksam sind, und u. a. die Verdauung anregen sowie antibakterielle und entzündungshemmende Wirkungen entfalten. Bei einem akuten Darminfekt als Kur angewandt, führt der tägliche Esslöffel Honig zu einem rascheren Abklingen der Beschwerden. Auch lokal auf Wunden aufgetragen, fördert das klebrige Bienensekret die Heilung merklich. Allerdings hat nur hochwertiger, also kalt geschleuderter Honig solche heilsamen Effekte. Hitzebehandlung verändert die Proteinstrukturen, womit speziell die kürzlich entdeckten entzündungshemmenden Enzyme zerstört und damit wirkungslos werden. Die bakterientötende Wirkung des „Glases heißer Milch mit Honig" ist leider eine Mär!

Honigbiene beim Pollensammeln.

Bekommt der Hund ab und an einen Teelöffel Honig unter den vegetarischen Brei gerührt, schadet das seiner Gesundheit bestimmt nicht, im Gegenteil. Nur übertreiben sollte man wie immer nichts! Obwohl für Hunde Zahnkaries für gewöhnlich kein Thema ist: Die wenigen kariesfördernden Bakterien in ihrer Mundhöhle lassen sich durchaus auch kultivieren ...

Rezept-vorschläge

Eine Woche lang auf BARF

Einen Futterplan werden Sie nur in der ersten Zeit benötigen. Bald wird alles zur Routine und Sie greifen gezielt zu den richtigen Zutaten. So könnte ein 7-Tage-Menü-Plan für den gut ausgelasteten Hund mit 25 kg Körpergewicht aussehen:

Montag (1)
Huhn mit Has'
200 g Hühnerfleisch – klein schneiden
150 g Innereien vom Kaninchen (hier: Lunge, gefüllter Magen, Milz, Herz);
alternativ Innereien vom Huhn

Obst-Gemüse-Mus
3 Aprikosen (ca. 100 g)
1 große Karotte (ca. 100 g)
5 große Blätter grüner Salat (ca. 50 g)
1 TL Löwenzahnsaft
1 TL Lachs-Öl

Fleischknochen
1 großer Rinderknochen (ca. 200 g)

Dienstag (2)
Rinder-Ragout
250 g durchwachsenes Rindfleisch – würfeln
100 g Rinderschlund – längs auftrennen und in Rechtecke (nicht in lange Streifen!) schneiden

Obst-Gemüse-Mus
1 kleiner Apfel (ca. 100 g)
¼ Salatgurke (ca. 100 g)
2 geh. EL frische gehackte oder 1 geh. EL getrocknete gehackte Brennnesseln
1 TL Raps-Öl

Fleischknorpel
200 g Luftröhre vom Rind – längs aufschneiden;
alternativ ½ Rinder-Kehlkopf

Mittwoch (3)
Pansenfladen – zum Draußen-Essen
500 g grüner Rinderpansen

Für zwischendurch
1 rohes Ei mit Schale

Fleischknochen
2 Rinder-Rippchen (ca. 200 g)

Donnerstag (4)
Frischkäse-Frühstück
200 g Hüttenkäse
1 mittelgroßer Apfel (ca. 150 g)
2 kleine Röschen Brokkoli (ca. 50 g)
1 geh. TL Bierhefeflocken
1 TL Lein-Öl

Müsli
120 ml Buttermilch
30 g Haferflocken (Kleinblatt) – 20 Min. in Buttermilch einweichen
1 mittelgroße Banane (ca. 125 g)
1 kleine Birne (ca. 75 g)
1 TL kalt geschleuderter Honig
1 TL fein zermörserte Eierschale
1 geh. TL fein gemahlene Haselnüsse

Freitag (5)
Fisch am Stück
6 Sardinen (ca. 450 g)

Gemüse-Püree
3 kleine Karotten (ca. 100 g)
2 dünne Scheiben Knollensellerie (ca. 100 g)
1 mittelgroße Pellkartoffel (ca. 100 g)
1 geh. TL Kokosflocken
½ TL Hagebuttenpulver

Samstag (6)
Fleisch mit Markknochen
350 g Rinder-Beinscheibe

Obst-Gemüse-Mus
1 kleiner Apfel (ca. 100 g)
50 g Brombeeren, frisch oder gefrostet
1 kleine Zucchini (ca. 150 g), geschält
1 TL Lachs-Öl

Knochen
1 mittelgroßer Rinderknochen (ca. 100 g)

Sonntag (7)
Rindfleisch-Mix
300 g Kopffleisch mit Backe (gewolft)
50 g Rinderherz – würfeln

Obst-Gemüse-Mus
1 mittelgroßer Apfel (ca. 150 g)
1 kleine Birne (ca. 75 g)
2 Blätter grüner Salat (ca. 25 g)
1 TL Raps-Öl
½ TL Seealgenmehl

Fleischknochen
2 kleine fleischige Rinderknochen (ca. 100 g)

Alternativ-Menü (8)
Rindfleisch-Mix
300 g Kopffleisch mit Backe (gewolft)

Obst-Brei
1 mittelgroßer Apfel (ca. 150 g)
½ mittelgroße Birne (ca. 100 g)
1 TL Raps-Öl
½ TL Seealgenmehl

Zarte Fleischknochen
150 g Ochsenschwanz;
alternativ 2 Hühnerhälse
oder 1 Putenhals

Rezeptvorschläge

Leckeres für zwischendurch

Ob kleine Würfelchen aus Hartkäse, selbst gemachte Murmeln aus Mehl, Milch und Möhren, oder getrocknete Streifen aus Leber, Lunge oder Herz: Auf Leckerchen braucht auch der alternativ ernährte Hund nicht zu verzichten.

Möhren-Mus-Murmeln (Ms)

Diese knochentrockenen Bällchen sind ein herrlicher Kauspaß für den Vierbeiner und gesund sind sie obendrein. Mit Biotin-Mützchen bringen sie zudem herrlichen Glanz ins Fell, und, werden sie besonders klein geformt, passen diese Kügelchen sogar in Beschäftigungsutensilien (z. B. Aktivball), oder finden als Leckerli Verwendung.

Zutaten

Für die Murmeln
1 Ei
2 EL Pflanzenöl
125 g pürierte Karotten
125 g Buttermilch oder Dickmilch
400 g Dinkelmehl
50 g Haferkleie mit Keim
1 Würfel frische Hefe
1 TL sehr fein zermörserte Eierschale oder Futterkalk

Für das Biotin-Häubchen
1 geh. EL Magerquark
1 geh. TL Appenzeller Käse, fein gerieben
Biotin-Präparat aus dem Zoo-Fachhandel (laut Packungsanweisung dosieren)

Zubereitung

Murmeln Ei und Öl verquirlen – Möhren-Mus zugeben. Mehl und Kleie vermischen und langsam darunterrühren. Hefewürfel darüberbröckeln und behutsam untermengen. Die Masse 10 Minuten ruhen lassen. Dann die Eierschalen einrühren und gut durchkneten. Den Teig an einem warmen Ort 25 Minuten gehen lassen. Mit bemehlten Händen kleine Kugeln formen, auf ein gut gefettetes Backblech legen und ausbacken.
Biotin-Häubchen Biotin-Paste auf einen flachen Teller pressen, mit Quark und Käse verrühren und auf ein paar der abgekühlten Murmeln häufeln.

Leckeres für zwischendurch 53

Backzeit (mittlere Einschubleiste, vorgeheizter Ofen): Bei 180 °C 15 Minuten. Anschließend im ausgeschalteten Backofen 5 bis 10 Minuten knusprig trocknen lassen.
Ergibt 80 Stück (oder 200 bis 250 Stück, wenn man sie nur winzig formt, etwa

Die magischen Ms – auch zum Verpacken und für Versteckspiele geeignet

Biotin (Vitamin H)
Kurmäßig angewandt ist die Wirkung des Biotins (auch Vitamin H genannt) am effektivsten – auf Haut und Haarkleid des Hundes ebenso wie auf seinen gesamten Stoffwechsel. Dauer der Kur: 3 bis 5 Wochen bei täglich 5 mg Biotin pro 10 kg Körpergewicht des Tieres.

zum Bestücken eines Aktivballes – dann aber nicht länger als 7 Minuten ausbacken und 5 Minuten im Ofen nachtrocknen lassen, sonst gibt's „Mohren"-Möhren-Mus-Murmeln)
Haltbarkeit Ohne Häubchen und luftdicht verpackt halten sich die Leckerli rund 3 Monate; mit Biotin-Haube sollten sie sofort verzehrt werden.

Abwandlung Statt Möhren-Mus eignet sich für die Teigbereitung auch ein Brei aus pürierten Brombeeren, Äpfeln und Bananen, oder Apfel- respektive Bananen-Mus pur.

Gedörrter Gaumenschmaus
Eine verführerisch duftende Delikatesse, zumindest für Ihren Hund. Wenn Sie die Zimmertüre nicht rechtzeitig schließen, wird er vermutlich die nächsten Stunden in der Küche vor dem Herd campieren und wie gebannt ins Backrohr starren.

Gedörrtes Herz (links) und Lunge. Fettet nicht, daher auch ideal zum Mitnehmen.

Zutaten
100 g Rinderleber (tiefgefroren)
100 g Rinderherz (tiefgefroren)
100 g Rinderlunge (tiefgefroren)

Zubereitung
Die Innereien leicht antauen lassen und mit einem scharfen Messer in möglichst dünne Scheiben bzw. Streifen schneiden. Auf mit Backpapier ausgelegten Backblechen recht dicht nebeneinander ausbreiten. Sobald die Streifen vollständig aufgetaut sind, mit Küchenpapier (auf beiden Seiten) sorgfältig trocken tupfen und in den Backofen schieben.
Trocknungszeit Bei 70 °C (mehrere Einschubleisten und mit Umluft) 3 bis 4 Stunden (je nach Dicke der Scheiben). Anschließend im ausgeschalteten Backofen bei leicht geöffneter Ofentüre ungefähr eine Stunde resttrocknen lassen. Wichtig! Die einzelnen Scheibchen während des Trocknens mehrmals wenden.

Haltbarkeit In Blechdosen geschichtet rund 3 Monate.
Tipp Statt im Backofen können Sie die Leckerbissen auch im Dörrapparat trocknen. Das verbraucht deutlich weniger Strom, dauert aber wesentlich länger. Neben Innereien eignet sich zum Trocknen (sowohl im Backofen als auch im Dörrgerät) auch Fleisch.

Hitzebehandlung verändert!
Lunge in rohem Zustand wirkt abführend, weil sie mit ihrem kreuzförmig verschlungenen Zellaufbau für die Verdauungsenzyme des Hundes schlechter angreifbar ist. Gekocht oder bei 70 °C getrocknet hingegen ist sie wesentlich besser verdaulich und macht den Kot sogar fester. Wenn das kein Zeichen dafür ist, dass Futtermittel durch Hitzebehandlung verändert werden und damit auch andere Wirkungen im Organismus des Hundes zur Folge haben.

Futtertabelle

Obst/Gemüse

Äpfel	Birnen	Himbeeren	Kirschen	Brokkoli	Salate
Aprikosen	Brombeeren	Johannis-	Pfirsiche und	Gurken	Sellerie
Bananen	Erdbeeren	beeren	Nektarinen	Karotten	Zucchini

Fleisch/Innereien/Knochen (u. a. von Rind, Kalb, Lamm, Geflügel, Kaninchen)

zartes Muskel-	Schlund	Kaninchen-	ganze junge	Rinderrippen-	Markknochen
fleisch	Blut	Mägen	Hühner	knochen	von Kalb, Rind,
Mittelbrust	Herz	Rindermagen	Kaninchen-	Brustbein- und	Lamm
Rinderhals	Leber	Kehlkopf	köpfe	Rippenkno-	Suppenfleisch
Rinderzwerch-	Lunge	Luftröhre	Ganze junge	chen von	mit Knochen
fell	Milz	Geflügelhälse	Kaninchen	Lämmern	Beinscheiben
Stichfleisch	Niere	Flügel von:	Kalbsbrust-	Fleischige (Ge-	vom Rind
Kopffleisch	Geflügel-	Hühnern,	knochen	lenk)Knochen	Ochsen-
Zunge	Mägen	Puten, Enten	Rinderbrust-	von Kalb, Rind,	schwanz
Lefzen		Karkassen	bein	Lamm	Kalbsschwanz

Öle/Fette

Lein-Öl	Raps-Öl	Butterschmalz	Rindertalg
Walnuss-Öl	Lachs-Öl	Gänseschmalz	

Nüsse/Ölsaaten

Haselnüsse	Erdnüsse	Kürbiskerne	Sonnen-
Cashewnüsse	Walnüsse		blumenkerne

Fische

Rotbarsch	Scholle	Hering	Sardine	Makrele	Kabeljau

Milchprodukte

Buttermilch	Dickmilch	Hüttenkäse	Quark
Sauermilch	Naturjoghurt	Frischkäse	

Eier

Kräuter/Heilpflanzen

Brennnesseln	Himbeer-	Gänseblüm-	Hagebutten	Löwenzahn-	(Petersilie)
Brombeer-	blätter	chenblätter	Kamilleblüten	blätter	
blätter					

Nahrungsergänzungsstoffe

Bierhefe	Seealgenmehl	Grünlippmuschel-Konzentrat	Honig

Mit dem Rohkost-Hund
auf Reisen

Futterbeschaffung im Urlaub

Auch unterwegs können Sie die alternative Ernährung fortsetzen – ob im Urlaub, auf Hundeausstellungen oder Arbeitsveranstaltungen, Ihr Hund braucht selbst dann nicht darauf verzichten.

Fleisch auf Reisen

Kurzreisen bereiten in der Regel keinerlei Probleme, denn Frischfleisch oder Fleischknochen halten sich gekühlt (Kühlschrank, Kühlbox) ungefähr drei Tage. Wenn Sie Fleisch zuvor tiefgefrieren und in gefrorenem Zustand mitnehmen, können Sie es noch länger aufbewahren. Wenn Sie es erst kurz vor der Fütterung in kleine maulgerechte Happen schneiden, ist es ebenfalls länger haltbar. Hackfleisch mitzunehmen ist also nicht zu empfehlen.

Dauert die Reise länger, dürfen Sie außerdem an Ihr Reiseziel keine Lebensmittel einführen, und steht überdies zu erwarten, dass Sie vor Ort keinen geeigneten Anbieter auftreiben können (ansonsten ist's ja ohnehin kein Thema – frisches Rindergulasch oder eine Beinscheibe gibt es eigentlich in jeder Metzgerei), können Sie auf „Fleisch-pur" in der Dose ausweichen, das einige Firmen bereits für Hunde, die ansonsten auf Rohfleischbasis ernährt werden, anbieten. Selbst wenn das etwas teurer ist, so eignet es sich doch wunderbar, um den Hund unterwegs artgerecht zu verköstigen (vorher natürlich auf Verträglichkeit testen!).

Von tiefgekühlt bis trocken

Tiefgekühlten Pansen, Lammfleisch-Brocken und Ähnliches gibt es fast in jedem Zoo-Fachhandel, nicht nur hierzulande. Vakuumverpackt ist Fleisch am längsten haltbar, auch mal ohne Kühlung. Auf Trockenfleisch können Sie notfalls auch zurückgreifen. Es ist allerdings gewöhnungsbedürftig, oft sehr hart (muss also je nach Größe des Hundes bis zu mehrere Stunden eingeweicht werden) und kann mitunter zu Durchfall führen. Möchten Sie es einmal mit getrockneten Produkten probieren, achten Sie auf Sorten, die ohne Salz und

Fit im Urlaub – auf die Rohfütterung muss der Hund nicht unbedingt verzichten.

Konservierungsstoffe hergestellt werden. Wenn Sie Lust und Zeit haben, können Sie Trockenfleisch auch in größeren Mengen selbst herstellen (und nicht nur als Leckerlis, wie in unserem Rezeptteil vorgeschlagen) und Ihren Vierbeiner sogar im Urlaub damit verköstigen. Wählen Sie dazu am besten Rindfleischstücke mit einigen Sehnen, aber mit wenig Fettanteil.

Futterbeschaffung im Urlaub 59

Obst und Gemüse

Beim Obst und Gemüse liegt – anders als beim Fleisch – die Schwierigkeit weniger in der Beschaffung als darin, wie bekomme ich es unterwegs zu Brei gerührt? Bei Bananen ist's freilich kein Problem: Zwei davon gründlich zerdrücken, schön schaumig rühren – und fertig ist die Obstmahlzeit für den mittelgroßen Vierbeiner. Doch auch sonst kann man sich behelfen. Ist man nur übers Wochenende unterwegs, kann man das Püree ausnahmsweise bereits längere Zeit vor dem Servieren zubereiten und in Portionsdöschen in einer Kühlbox mitnehmen, oder, anders als sonst üblich, einfrieren, und in gefrorenem Zustand einpacken. Meistens gibt es aber doch irgendwo am Reiseziel einen Stromanschluss für den mitgebrachten Pürierstab. Wenn alle Stricke reißen, tun's auch mal ein paar Babygläschen mit Obst-Brei oder (Fleisch)-Gemüse-Brei.

Kurzzeitig auf Fertigfutter (vor allem solches in Dosen, bzw. gut eingeweichte Trockenfutterpellets) umzusteigen, ist natürlich auch möglich, aber das müssen Sie selbst entscheiden, denn eine solche Umstellung geht natürlich nicht ad hoc. Aber wo ein Wille ist, ist (meist) auch ein Weg!

Sie brauchen sich übrigens keine Gedanken zu machen, wenn die Rohkost-Mahlzeiten für Ihren Hund im Urlaub nicht so ausgewogen sind wie sonst. Zu Hause lässt sich schnell alles wieder ergänzen, woran es unterwegs gemangelt hat.

Infektionsgefahr
durch Rohfütterung

Bakterien und Co.

Eine der größten Sorgen bei der Rohfütterung stellen die Bakterien (z. B. Salmonellen) und Endoparasiten dar, die mitsamt dem rohen Fleisch, den Knochen, Eiern oder etwa Fisch in den Hund gelangen können.

Küchenhygiene

Tatsächlich nimmt der Hund mit rohen Produkten mehr Infektionserreger und Parasiten auf als mit hitzebehandelten. Doch einem gesunden Tier schadet das in der Regel nicht, denn sein Organismus ist wirklich sehr gut dagegen gewappnet. Wir allerdings, die wir die Mahlzeiten zubereiten, sollten dringend die allgemeine Küchenhygiene beachten, also diejenige, die wir auch bei der Zubereitung eines Hähnchens und Ähnlichem an den Tag legen. Denn unsere Mägen sind längst nicht so leistungsstark wie die unserer Hunde, zumindest was das Abtöten von Erregern und das Unschädlichmachen von Toxinen betrifft.

Die Kraft der Magensäfte

Schon im Speichel des Hundes befinden sich aktive Substanzen, die bestimmte Viren, Colibakterien sowie Streptokokken und Staphylokokken in ihrer Pathogenität abschwächen. Zudem bildet der Hund in seinem Magen Salzsäure aus, die mit ihrer Aggressivität die unsere weit in den Schatten stellt. Denn deren Eiweiß-fällende Kapazität ist mehr als 1000-mal höher als bei uns, was bedeutet, dass sie die Bakterien-Eiweiße sehr zügig und meist auch vollständig abbaut. Die durch regelmäßige Fleisch- sowie häufige, aber moderate Knochenfütterung induzierte deutlich erhöhte Magensaftproduktion tut dabei ein Übriges. Außerdem besitzt der Hund einen sehr kurzen Darmtrakt, der zwar keine gute Ausnutzung roher kohlenhydrathaltiger Nahrungsmittel erlaubt, dafür aber die Aufenthaltszeit der Nahrung allgemein sehr kurz hält. Besonders kurz ist die Verweildauer, wenn rohes Fleisch pur gefüttert wird, also beispielsweise ohne Beimengungen von Getreide

Konservieren durch Frieren

Einfrieren tötet nicht generell Parasiten ab, nur die wenigsten wie etwa Toxoplasmen und einzelne Bandwürmer sterben innerhalb einer Woche bei −18 °Celsius. Salmonellen und Fuchsbandwurm-Eier oder die Eier des Kleinen Hundebandwurms bleiben selbst bei −25 °Celsius monate- bis jahrelang lebensfähig.

– höchstens zusammen mit sehr fein püriertem, nicht blähend wirkendem Gemüse und Obst, welches eine ähnlich kurze Verdauungszeit hat.

Verweildauer

Einer Fleisch-, Eier-, Fisch- oder Innereien-Mahlzeit, bei der man sicher davon ausgehen kann, dass pro Zeiteinheit die meisten Keime in den Körper gelangen können und mithilfe der Magensäure usw. unschädlich gemacht werden müssen, sollte man keine weiteren Zutaten zufügen, welche die Verweildauer des Speisebreis im Darm unnötig erhöhen. Denn mit einem verlängerten Aufenthalt des Speisebreis im Darm steigt zum einen die Gefahr, dass eventuell vorhandene Keime die Zeit haben, sich dort anzusiedeln, und zum anderen, dass es währenddessen zu Fehlgärungen kommt, die das Darmmilieu und schlimmstenfalls sogar die Körperabwehr (zunächst das darmeigene Immunsystem) derart negativ verändern, dass krank machende Organismen besser Fuß fassen können. Deshalb der Trennkost-Gedanke.

Invasion der Endoparasiten?

Kot-Untersuchungen bei ausgewogen mit Rohfutter ernährten (erwachsenen) Hunden zeigen, dass diese Tiere keinen stärkeren Befall mit Bandwürmern, Spulwürmern, Giardien oder anderen Darmparasiten aufweisen als ihre mit industriell hergestellten Futtermitteln ernährten Artgenossen. Im Gegenteil: Man findet bei ihnen, und das, obwohl sie tatsächlich einem etwas höheren Erregerdruck und damit einem vermeintlich größeren Risiko ausgesetzt sind, sogar weniger pathogene „Mites-

Obst-Gemüse-Cocktail in Würfel geschnitten…

Bakterien und Co. 63

...dem Pansen-Inhalt (links) mit seiner gut zermahlenen vegetarischen Kost aus dem Rindermagen kommt der Obst-Gemüse-Cocktail „fein püriert" wesentlich näher.

ser". Dies liegt mit Sicherheit daran, dass deren Salzsäure-Produktion im Magen (durch den hohen Fleischkonsum und die Knochenfütterung induziert) deutlich größer ist als bei überwiegend mit Kohlenhydraten versorgten Hunden. Und dieses erhebliche Mehr an Magensäure macht die Erregerabwehr verständlicherweise wesentlich effektiver. Nicht zu vergessen ist, dass sich der Nahrungsbrei aufgrund der besonders guten Verdaulichkeit von reinen Fleischmahlzeiten (mitsamt den möglicherweise darin enthaltenen Darmschmarotzern) nur kurze Zeit im Verdauungstrakt befindet.

Intaktes Immunsystem

Vermutlich haben Hunde, die mit natürlichem, unverfälschtem Futter versorgt werden, welches ihren genetisch verankerten Ernährungsbedürfnissen bestens entspricht, zudem ein intakteres und etwas leistungsstärkeres Immunsystem, welches Parasiten und Mikroorganismen gut in Schach halten kann. Überdies werden derart primitiv-rustikal ernährte Hunde in den meisten Fällen auch sonst mit weniger Chemie traktiert und erleben, wie u. U. auch ihre Besitzer, ein eher naturverbundenes, stressärmeres Dasein, was ihrer Gesundheit gewiss ebenso zugute kommt.

Angemessen
ausgewogen

Ausgewogen über Wochen

Natürlich muss die Ernährung des Hundes ausgewogen sein. Bei der Rohfütterung geht es allerdings nicht darum, dem Vierbeiner täglich exakt austarierte Mahlzeiten zu servieren, sondern darum, dass er insgesamt – über einen Zeitraum von rund drei bis vier Wochen – all das bekommt, was er für seine Gesunderhaltung und Lebenskraft benötigt.

Vielfalt ist das Zauberwort

Je vielfältiger und abwechslungsreicher die Nahrungsmittel sind, die für ihn zusammengestellt werden, umso besser. So füttert man beispielsweise nicht jeden Tag das gleiche Fleisch, sondern mal sind es die fettarmen, zarteren und sehr leicht verdaulichen Stücke, mal solche mit mehr Fett und Bindegewebe, die ballaststoffreicher und etwas schwerer verdaulich sind. Einmal gibt's gehaltvolle Innereien, ein anderes Mal (pflanzen)faserreichen ungereinigten Pansen. Bei der einen Mahlzeit stammen Fleisch und Knochen vom Rind, ein anderes Mal vom Lamm oder vom Geflügel. Diese Variation ist sehr wichtig für die allgemeine Ausgewogenheit der Versorgung, denn sowohl die Nährstoffgehalte als auch die jeweiligen Mengenverhältnisse von Mineralstoffen wie z. B. Kalzium und Phosphor unterscheiden sich bei den verschiedenen Tierarten, bzw. bei den verschiedenen von diesen Schlachtkörpern ausgewählten Fleisch- oder Knochenstücken. Darüber hinaus gibt es jahreszeitliche Qualitätsschwankungen und solche, die durch die Haltungsbedingungen des Schlachtviehs bedingt sind. Geben Sie möglichst oft frisches rohes Fleisch, denn es ist etwas höherwertiger als tiefgefrorenes. Was für den „fleischigen" Anteil der Menüs gilt, gilt ebenso für das Obst und Gemüse, und gleichwohl für Milchprodukte, Fette, Öle, Kräuter und Nahrungsergänzungsstoffe. Je umfangreicher die Palette an für die Rohfütterung geeigneten Zutaten ist, umso sicherer können Sie sein, dass Ihr Hund alles bekommt, was er braucht.

Der Hundesenior

Auch bei einem Senior müssen Sie sich hinsichtlich gravierender Veränderungen seines Speiseplans keine Sorgen machen. Sogar auf Rohfütterung umstellen können Sie ihn jetzt noch.

Hochwertiges Eiweiß

Die „draußen in der Natur" lebenden älteren Säugetiere ernähren sich prinzipiell von nichts anderem als ihre jüngeren Artgenossen – ebenso machen es die Welpen, nachdem sie abgestillt sind. Beide wählen sie allerdings Beutetiere, die leichter zu erlegen sind, und sie fressen hie und da fette, vor Eiweiß strotzende Maden und ähnliches Getier, sowie ein breites maulgerechtes Allerlei, das sich leicht zerbeißen lässt. Wieso sollten wir es mit unseren vierbeinigen Gefährten nicht ebenso halten? Dass alten Hunden ein hoher Eiweißgehalt nicht bekommt, weil er den Nieren schadet, stimmt nur, wenn den Tieren ausschließlich minderwertige Eiweiße und überwiegend solche pflanzlichen Ursprungs gegeben werden. Das heißt, der Althund bekommt unveränderte Mengen an Eiweiß, dafür aber hochwertiges, leicht verdauliches wie etwa Hüttenkäse, Hühnerei, Hühnchen, Pute und knorpel- und bindegewebsarmes Rindfleisch.

Gut zu beißen

Das Fleisch drehen Sie notfalls vorab durch den Fleischwolf, damit es weniger Verdauungsaufwand erfordert und auch die Bauchspeicheldrüse nicht unnötig strapaziert. Servieren Sie Ihrem alten

Kot-Kontrollen

Im Greisenalter lässt die Magensaftsekretion deutlich nach, außerdem verliert selbst das bestgepflegteste Immunsystem nun mehr und mehr an Leistungskraft. Lassen Sie deshalb auch den Kot Ihres Hundes nun noch häufiger kontrollieren als früher: Sollte vermehrt Darmparasiten-Befall nachgewiesen werden, kochen Sie die Fleischmahlzeiten künftig besser ab, und geben Sie auch Fisch und Eier nicht mehr in rohem Zustand. Selbst wenn die Nahrungsmittel dadurch etwas schwerer verdaulich werden und ernährungsphysiologisch nicht mehr ganz so wertvoll sind, wird der alters-schwächelnde Organismus Ihres Hundes dadurch – zumindest immunologisch gesehen – weniger beansprucht. Tun Sie dies aber wirklich nur, wenn Ihr Senior jetzt regelmäßig mit Darmparasiten zu kämpfen hat!

Nahrung bei Erkrankungen

Egal wie alt Ihr Hund ist: Leidet er an einer (chronischen) Krankheit, besprechen Sie unbedingt mit Ihrem Tierarzt oder Tierheilpraktiker, welche Nahrungsmittel bei speziell seinem Krankheitsbild günstig beziehungsweise ungünstig sind, und übernehmen Sie die Ratschläge in Ihren täglichen Futterplan.
Einen leberkranken Hund beispielsweise sollten Sie eiweiß- und fettarm ernähren, ihm aber mehr Kohlenhydrate reichen.
Bei Erkrankungen der Bauchspeicheldrüse sind vor allem die leicht löslichen Kohlenhydrate im Futter sehr ungünstig, weshalb es darauf zu verzichten gilt.
Der herzkranke Vierbeiner braucht besonders hochverdauliches Futter mit reichlich Vitamin E und Selen, aber wenig Natrium. Fleisch und Leber sollten oft auf seinem Speisezettel stehen, denn deren Carnitinreichtum wirkt sich positiv auf den Herzstoffwechsel aus.
Ist die Niere chronisch betroffen, braucht der Hund ebenfalls leicht verdauliche Eiweiße sowie ein deutliches Mehr an essenziellen Fettsäuren und B-Vitaminen. Sein Futter sollte aber phosphat- und kochsalzarm sein und möglichst keine Purin-Lieferanten enthalten. Demzufolge sollten speziell Innereien und Bierhefe von seinem Speisezettel gestrichen werden.

Freund die Mahlzeiten nun etwas fettreicher und suppiger, fügen Sie regelmäßig Vitamin C und ggf. Grünlippmuschel-Konzentrat zu, und verzichten Sie, sollten seine Zähne nicht mehr in Hochform sein, auf die Gabe harter Knochen zugunsten von Puten- und Hühnerhälsen bzw. pulverisierter Eierschale. Häufiger füttern sollten Sie ihn jetzt freilich auch, damit seine Verdauungsorgane und sein Kreislauf entlastet werden. Drei bis vier Fütterungen am Tag sind ideal.

Nahrungsmenge

Was die Nahrungsmenge betrifft (siehe S. 73), gibt es mit zunehmendem Lebensalter auffallende Veränderungen. Während die meisten „mittelalten" Vierbeiner mit deutlich kleineren Portionen als in ihren frühen Erwachsenen-Jahren bestens bedient sind, brauchen Hundegreise wieder wesentlich mehr Futter, damit sie nicht entkräften. Das liegt daran, dass sämtliche Stoffwechselvorgänge gegen Ende des Lebens sehr viel ineffektiver vonstattengehen, und die Nahrung ganz allgemein schlechter verwertet und ausgenutzt wird. Hier ein Löffel Honig mehr oder eine Portion Tartar, da ein Häubchen Sahne: Es ist wirklich kein Vergehen, wenn Sie für Ihren uralten Begleiter dann und wann von Ihren Goldenen Fütterungsregeln abweichen.

Hundekinder und Rohkost

Welpen nach der Übernahme, also mit acht bis zehn Wochen, auf Rohfütterung umzustellen, ist relativ einfach. Hier das Wichtigste im Überblick.

Auf Qualität achten

Da bei Welpen die Salzsäure-Produktion im Magen erst ganz allmählich auf Erwachsenen-Niveau ansteigt, heißt es zum einen mit der Verfütterung von Knochen noch behutsamer zu beginnen als bei einem ausgewachsenen Hund, den Sie auf BARF umstellen möchten, und zum anderen das Rohfleisch, das Sie anbieten, wirklich mit großem Bedacht auszuwählen (nur die allerbesten Fleischereien oder Bauernhöfe sind nun gut genug!). Zudem müssen Sie mit kleinsten Mengen beginnen, dafür aber selbstverständlich viel häufiger füttern. Mindestens vier Mahlzeiten pro Tag brauchen Hundewelpen bis zu ihrer 16ten Lebenswoche. Bieten Sie Fleisch in winzige Stücke geschnitten oder gewolft an. Auch fleischige Knochen (hier z. B. Hühner- oder Putenhälse), welche die Welpen wegen der nötigen Kalziumzufuhr unbedingt benötigen, sollten Sie vor dem Verfüttern durch den Fleischwolf drehen. So wird das Futter leichter verdaulich und damit noch bekömmlicher. Außerdem besteht dabei nicht die Gefahr, dass so ein kleiner Vierbeiner vor lauter Gier gleich größere Brocken hinunterschlingt, die er später mühsam wieder hervorwürgen muss, weil seine Magendrüsen noch nicht imstande sind, genügend Verdauungssäfte für deren vollständigen Abbau zu liefern.

Kauvergnügen

Freilich sollten Welpen (selbst wenn sie ihre Fleisch-Knochen-Mahlzeiten noch in gewolfter Form bekommen) die Chance erhalten, nach Herzenslust an riesigen Knochen und großen Fleischfetzen nagen, reißen und zerren zu dürfen – allein um Spaß zu haben und wichtige Erfahrungen zu sammeln. Dabei müssen alle Stücke stets groß genug sein, damit die Kleinen sie nicht in einem schlucken.

Roh-Ei-Fütterung oder gekocht?

Eier werden für den Welpen besser gekocht (und mit der Gabel zerdrückt), und die Schale pulverisiert angeboten. Möchten Sie dennoch gleich zu Beginn Roh-Ei füttern, muss dieses unbedingt sehr frisch sein. Außerdem sollten Sie – beim Mitfüttern der Schale – diese vorab gründlich mit heißem Wasser abspülen. In den ersten Wochen nach der Übernahme geben Sie von rohen Eier sicherheitshalber nur das Eigelb, wenn Sie Ihrem Kleinen mehr als ein Ei pro Woche anbieten möchten. Ist der Welpe rund drei Monate alt, sind seine Magensäfte sowie seine allgemeine Verdauungskapazität und seine Stoffwechselleistungen denjenigen von erwachsenen Hunden vergleichbar. Auch sein Immunsystem ist jetzt voll ausgereift. Nun bedarf es derartiger Vorsichtsmaßnahmen nicht mehr.

Nie unbeaufsichtigt kauen lassen!

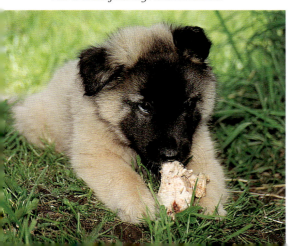

Vorteile der Rohfütterung
Wachstum

Ausschließlich mit Rohfutter ernährte Welpen wachsen erheblich langsamer und oft auch deutlich wohlproportionierter als mit anderem Futter versorgte – das wird sogar von Tierärzten bestätigt. Sie bleiben dabei aber nicht kleiner als ihre anders ernährten Wurfgeschwister oder Rassegenossen, sie erreichen ihre genetisch vorprogrammierte Körpergröße bloß deutlich später. Dafür haben solche Hunde allesamt festes Muskel- und Bindegewebe, sehr gut mineralisierte Knochen und stabile Gelenke. Ihr Organismus hat schlicht genügend Zeit, die Nährstoffe des Futters auch dort einzubauen, wo sie hingehören – bevor alles in die Höhe schießt: Wirklich ausgewogene Rohkost-Rationen vorausgesetzt!

Wurmbefall und andere Infektionen

Wurmbefall, andere Infektionen mit Darmparasiten oder sonstige gesundheitliche Probleme sind bei Welpen und Junghunden, die mit Rohkost ernährt werden, nicht in höherem Maße zu verzeichnen (treten aber, anders als im Erwachsenenalter, wohl auch nicht seltener auf) als bei Tieren gleichen Alters, die mit industriell gefertigter Nahrung gefüttert werden – abgesehen von den

Erkrankungen des Skeletts, welche bei ausgewogen roh verköstigten Hunden offensichtlich deutlich seltener zu verzeichnen sind und dies bereits innerhalb ihres ersten Lebensjahres. Später stehen gebarfte Hunde sogar noch besser da, denn sie scheinen wesentlich seltener vor allem an Zivilisationskrankheiten wie Allergien, Fettleibigkeit, Diabetes und Krebs zu leiden.

Die Sorge um das Kalzium-Plus

Welpen benötigen für den Aufbau eines gesunden Skelettsystems keine Unmengen an zusätzlicher Kalziumfracht – auch während des Zahnwechsels nicht. Wenn Sie Ihren Kleinen sofort nach der Übernahme auf Rohkost umstellen (oder Sie haben Glück, und er kennt diese Ernährungsform bereits) und ihn mit durchschnittlich 20! % vegetarischer Kost sowie 80! % fleischigem Anteil pro Tagesration füttern (wobei die reine Knochenmenge ungefähr 10 % ausmachen sollte), ist er bestens versorgt. Für einen Welpen einer mittelgroßen Rasse mit 10 Kilogramm Körpergewicht genügen, so wurde wissenschaftlich ermittelt, 1,2 Gramm Kalzium pro Tag – was, z. B. auf Hühnerhälse bezogen, umgerechnet rund 80 Gramm bedeutet, also 1 Stück.

Vitamin C und D

Schon die Kleinsten sollten zudem täglich etwas Hagebutten-Pulver (wegen seines Vitamin-C-Reichtums) sowie ein paar Tropfen Raps- respektive Lachs-Öl (hohe Gehalte u. a. an Vitamin D) in ihre Menüs bekommen. Warum? Beide Vitamine wirken sich auf den Kalziumhaushalt und damit auch auf die Knochendichte des Hundes aus. Denn sowohl das wasserlösliche Vitamin C als auch das fettlösliche Vitamin D fördern die Kalziumaufnahme aus dem Darm in den Körperkreislauf und beeinflussen und regulieren den Einbau dieses Mineralstoffes in das Skelettsystem.

Wie viel Futter für den Kleinen?

Was so ein junger Hund natürlich zwingend benötigt, um ausreichend versorgt zu sein, ist: VIEL Futter. Denn bezogen auf seine Körpermasse verstoffwechselt er wesentlich mehr als ein ausgewachsener Hund gleicher Größe. Auch etwas mehr Eiweiße und Fette für seinen Bau- und Energiestoffwechsel braucht er in seinen Rationen, damit die Mahlzeiten welpengerecht ausgewogen sind – daher die Erhöhung des Fleisch-Innereien-Knochen-Anteils auf 80 % der Tagesration.

Welpen

Ganz junge Welpen benötigen täglich mindestens 10 % ihres Körpergewichtes an Futter. Mit acht bis zwölf Wochen sinkt der Bedarf auf rund 8 %, danach kontinuierlich bis zur 20 Woche auf rund 5 %.

Für Tiere dieser beiden Entwicklungsstufen mit angenommenen 10 Kilogramm Gewicht hieße das 800 bzw. 500 Gramm Futter pro Tag (aus: 10 kg x 0,8 x 100 resp. 10 kg x 0,5 x 100).

Junghunde

Junghunde im Alter von rund acht bis 12 Monaten benötigen im Mittel nur noch 4 bis 3 % ihres Körpergewichtes pro Tag an Futtermenge.

Ein Hund mit 20 Kilogramm bekommt demzufolge nun zwischen 800 und 600 Gramm Futter am Tag – wobei sich die prozentuale Gewichtung von Vegetarischem zu Nicht-Vegetarischem allmählich dem im Erwachsenenalter angleichen sollte (also: 30 % vegetarischer Brei und 70 % Fleisch-Innereien-Knochen-Kost).

Individueller Bedarf

Freilich müssen Sie die Gesamtfuttermenge an den individuellen Bedarf Ihres Tieres anpassen: Temperamentvolle aktive Youngsters brauchen in der Regel wesentlich mehr Futter als die weniger quirligen. Auch deutliche rassespezifische Unterschiede sind zu beachten: So benötigen (zumindest nach meinen eigenen Erfahrungen) Labi-Kinder auf ihre Körpergröße bezogen erheblich geringere Futtermengen als Welpen der Rasse Magyar Vizsla gleichen Alters und mit ebenso viel Power, um rein äußerlich nicht umgehend zum Pummelchen zu deformieren. Denn: Ein draller Welpe ist nicht gleichbedeutend mit „gesund".

Umstellung
auf Rohkostfütterung

Fütterungspraxis

Beobachten Sie Ihren Hund in den ersten Wochen der Umstellung bei der Nahrungsaufnahme: Wie geht er mit dem Futter um? Nur so können Sie rechtzeitig eingreifen, falls er zu sehr schlingt.

Tagesration

Für einen ausgewachsenen, normal geforderten, gesunden Hund empfehlen Ernährungswissenschaftler eine tägliche Gesamtfuttermenge von 2 % seines Körpergewichtes. Ein 25 kg schweres Tier benötigt demzufolge 500 g Rohfutter am Tag. Erfahrungsgemäß ist das etwas knapp bemessen, und gilt eher für den Couch-Potato als für einen wirklich ausgelasteten Vierbeiner, oder für Rassen, die wie Labrador Retriever oder Beagle zum raschen Dickwerden neigen. Ich empfehle:

3 % des Körpergewichtes, also 750 g Futter pro Tag für einen 25 kg schweren Hund.
Fleischanteil: 70 % = 525 g
Vegetarischer Anteil: 30 % = 225 g

Der vegetarische Anteil von 225 g entspricht z. B. einer mittelgroßen Zucchini, einer mittelgroßen Möhre zusammen mit einem kleinen Apfel, oder einem Mix aus einer halben Banane, halben Karotte und einem mittelgroßen Apfel.

Beim Fleisch bedeutet dieser Tagesanteil z. B. ca. 250 g Suppenfleisch und knapp 270 g fleischiger Lammknochen, oder etwa 70 g Rinderleber zusammen mit 300 g Lefzen-Kopffleisch sowie rund 160 g einer Knochen-Knorpel-Portion wie etwa einem Putenhals. Oder ganz bequem, Fleisch und Vegetarisches in Einem: rund 650 g grüner Pansen und ein kleines Stück Knochen.

Ration individuell anpassen

Dem sehr wenig geforderten Hund, und übrigens auch dem kastrierten, geben Sie etwas weniger (also die genannten 2 % seines Körpergewichtes), dem Leistungssportler entsprechend mehr (bis 4 % seines Gewichts) – ohne dabei die prozentualen Anteile zu verändern. Bei sportlich stark geforderten Hunden darf es allerdings bisweilen doch ein Tick mehr an Fett in der Nahrung sein, ebenso etwas mehr an z. B. Lachs-Öl. Wie viel weniger beziehungsweise wie viel mehr es im Einzelfall konkret sein sollte, er-

Umstellen auf Rohkostfütterung

kennen Sie bald an der Statur Ihres Vierbeiners. Machen Sie einfach den altbewährten Rippentest.

Mahlzeiten mit Getreide

Die Tagesration teilen Sie auf zwei Mahlzeiten auf, wenn es sein muss auch auf drei. Denn wenn Sie beispielsweise etwas Getreide füttern möchten, sollte dies möglichst nicht zusammen mit anderen Futtermitteln erfolgen, keinesfalls aber mit Fleisch, Fisch oder Roh-Ei. Auch gemeinsam mit fleischigen Knochen sollten Sie Getreideprodukte nicht anbieten – wegen der unterschiedlichen Verdauungszeiten einerseits und auch

> **Getreide**
> Aufgrund der Verdaulichkeit sollte ein Abstand von rund sechs Stunden zwischen Mahlzeiten mit Getreide und anderen Menüs unbedingt eingehalten werden.

wegen der dadurch möglicherweise induzierten allgemein verlängerten Darmpassage, die einer raschen und effektiven Keimabtötung (falls eine solche nötig würde) zuwiderlaufen könnte. Demzufolge kann ein dritter Fütterungstermin auch beim erwachsenen Hund zwingend sein.

Fleisch, Gemüse & Milchprodukte

Fleisch oder Innereien können Sie allein reichen oder zusammen mit dem vegetarischen Brei, Fleischknochen am günstigsten einzeln (aber das ist allein schon aufgrund der Beschaffenheit solcher Futtermittel nicht anders möglich, es sei denn, sie drehen diese zunächst durch den Fleischwolf). Milchprodukte geben Sie allein oder zusammen mit Vegetarischem, Sie können diese aber ausnahmsweise auch gemeinsam mit Getreide füttern. Sollten Sie keine Knochen geben wollen oder können, passt die erforderliche Kalkzugabe (Eierschalen usw.) am besten zu reinen Fleisch-Menüs.

Hundekuchen – ein Fall für die Tagesration!

Die Sache mit dem Fastentag

Gern angeraten bis „anbefohlen" wird ein wöchentlicher Fastentag. Doch darüber kann man unterschiedlicher Auffassung sein.

Meine fünf Hunde zeigten sich stets völlig verblüfft ob eines solchen ungewohnten Karenztages. Außerdem waren sie an den futterfreien Tagen fürchterlich unruhig und lungerten permanent in der Küche herum – was vermutlich mich mehr störte als sie, mich aber dennoch am Sinn eines derartigen Negativ-Events zweifeln ließ. Was mich schließlich zum Abbruch meines Vorhabens veranlasste, war, dass mit einer Ausnahme alle am Folgetag in der Früh gelben, etwas säuerlich riechenden Schleim erbrachen, was bedeutete: Sie hatten einfach Kohldampf. Denn was hier zum Vorschein kam, waren ihre, nicht zuletzt durch die Rohkostfütterung induzierten und üppig vorhandenen, aber nun zu kompletter Untätigkeit verdammten Magensäfte. Folglich strich ich den Fastentag aus unserem Futterplan, führte aber ein, dass es wöchentlich mindestens einmal keinerlei Fleisch geben sollte, stattdessen Hüttenkäse und Quark. Das hat sich wunderbar bewährt

Dass Wölfe Fastentage einlegen, stimmt natürlich. Doch sie haben sich entweder tags zuvor derart vollgefressen, dass einfach nichts mehr reingeht, oder sie würden eigentlich gern etwas zu sich nehmen, und bemühen sich auch darum, müssen aber mangels passender Beute (oder Aas) notgedrungen kurzzeitig fasten. Bei unseren Haushunden trifft gewöhnlich beides nicht zu. Wozu dann ein solches Extrem?

Fasten bei Durchfall

Nicht zu verwechseln ist eine solche Futterpause mit demjenigen „Hungern lassen" bei akuten Durchfallerkrankungen. In solchen Fällen kann fasten tatsächlich heilsame Wirkungen haben. Denn nur ohne Nahrung (sprich „ohne Arbeit") bekommen die überlasteten Schleimhäute im Magen-Darmtrakt, und die an der Verstoffwechselung beteiligten Drüsen sowie die Darmmotorik, die Chance auf eine Regenerationspause.

Von heute auf morgen oder peu-à-peu?

Ob Knochen, Getreide und Milchprodukte in den Hundenapf gehören oder nicht, ob ein Fastentag in der Woche zwingend ist oder nicht: Die Meinungen unter Rohkost fütternden Hundehaltern fallen dazu keineswegs einhellig aus. Und so ist es auch bei der Antwort auf die Frage „Wie stellt man am besten auf diese Ernährungsweise um" – von jetzt auf gleich, oder nach und nach?

Behutsames Umstellen

Meine persönlichen Erfahrungen sprechen eher gegen die Hau-Ruck-Methode, weil es dabei häufiger zu Störungen im Magen-Darm-Trakt kommt als beim langsamen, behutsamen Angewöhnen. Erst einmal nur gelegentlich und nur ein bisschen Frischfleisch, rohe Innereien sowie püriertes Gemüse in den Napf, dann allmählich immer häufiger und immer größere Anteile – und Sie haben Ihren Vierbeiner in zwei bis drei Wochen ebenfalls „stabil auf BARF".

Außerdem bekommen auch Sie bei dieser Methode die Chance, ohne Zeitdruck für den entsprechenden Nachschub zu sorgen. Wenn Sie nämlich rasch komplett umstellen, sollten Sie schon einiges an Futter in der Hinterhand haben.

Rohkost und Fertigfutter

Einschleichen darf jedoch keinesfalls heißen, dass Sie die Rohkost, insbesondere das Fleisch und die Innereien, nun unter das Fertigfutter mengen. Sie erinnern sich an den Trennkost-Gedanken? Mindestens sechs Stunden braucht es,

BARF macht weniger durstig.

Trockenfutter einweichen

Was Sie – einerlei ob Sie nun schlagartig oder peu-à-peu umstellen möchten – für Ihren Hund tun können, ist, ihm schon geraume Zeit vor der eigentlichen Umstellung auf Rohkost, sein Trockenfutter nur noch gründlich eingeweicht anzubieten. So bekommt sein Verdauungssystem quasi einen Vorgeschmack auf die neue Konsistenz und ist dann besser gewappnet.

denn vor allem Trockenfutterprodukte bestehen überwiegend aus Getreide, und dieses sollte sich möglichst nicht gemeinsam mit Rohfleisch im Verdauungstrakt befinden. Morgens Fleisch (zusammen mit etwas vegetarischem Püree) und abends Fertigfutter: So könnte es in den ersten Tagen aussehen. Nach und nach erhöhen Sie den BARF-Anteil und lassen den abendlichen Fertigfutter-Anteil entsprechend schrumpfen. Damit die morgendliche Mahlzeit gegen Ende der Umstellungsphase nicht zu üppig ausfällt, kann es erforderlich sein, dass Sie für einige Tage ein kleines Mittagsmenü auf Rohkostbasis einschieben müssen, bis Sie schließlich den letzten Schritt tun, und die Fertigfuttermahlzeit komplett streichen. Nun können Sie die Interims-Verköstigung immer weiter nach hinten schieben und mit dem „Abendbrot" vereinen. So einfach ist es.

Umstellen von heute auf morgen

Machen Sie lieber gleich Nägel mit Köpfen und möchten abrupt umstellen, empfiehlt sich den Hund einen Tag fasten zu lassen und am folgenden Tag mit möglichst leicht Verdaulichem zu beginnen, etwa mit klein geschnittenem Hühnchenfleisch und püriertem Apfel-Möhren-Mus. Verteilen Sie die Tagesration auf vier Mahlzeiten und beobachten Sie Ihren Hund bei seiner Nahrungsaufnahme. Bleiben Sie einige Tage „auf Hühnchen", dann erst bringen Sie Abwechslung ins Spiel. Beim vegetarischen Brei verfahren Sie ebenso. Selbst wenn die Versorgung jetzt nicht gerade ausgewogen erscheint, so haben Sie bei diesem Vorgehen die Möglichkeit, leicht zu erkennen, was Ihrem Hund bekommt und was möglicherweise nicht. Allmählich können Sie vom zarten Filetstück auf etwas fetteres Fleisch, welches mit ein paar Sehnen und Knorpeln mehr durchsetzt ist, übergehen. Auf Fleischknochen sollten Sie noch verzichten. Diese sind erst in ca. zwei Wochen an der Reihe (bei der Umstellung „peu-à-peu" besser erst nach vier Wochen!) – z. B. in Form von Hühner- und Putenhälsen. Nun können Sie vorsichtig die verdauungstechnisch betrachtet etwas anspruchsvolleren Obst- und Gemüsesorten wie Birnen oder Brokkoli anbieten.

Wie Hunde auf die Umstellung reagieren

Die meisten Hunde zögern keinen Augenblick, wenn sie rohe Fleischmahlzeiten vorgesetzt bekommen, futtern ratzfatz alles weg und lecken den Napf so gründlich sauber, dass er blitzt.

Verschmähte Zutaten

Beim vegetarischen Brei kann das Bild ganz anders aussehen, gelegentlich auch bei Nahrungsmitteln wie etwa Leber, die zunächst argwöhnisch beäugt werden. Schnelle Abhilfe bringen hier folgende Maßnahmen: Fleischstücke, die der Vierbeiner gern mag, durch den Fleischwolf drehen und unter den verschmähten Brei mengen bzw. den Brei fürs Erste mit allerlei Leckerem gestalten, etwa mit ein paar Thunfischbröckchen, etwas Crème fraîche, Kokosflocken usw. (Dies schadet nicht; manche Hunde nehmen in den ersten Tagen der Umstellung ohnehin etwas an Gewicht ab.) Oder am Beispiel der Leber: Pürieren und anderswo untermischen bzw. gründlich mit größeren Fleischbrocken vermengen. Die Menge des ungeliebten Nahrungsmittels dann schrittweise erhöhen, später nur noch sehr klein schneiden und schließlich wieder als Ganzes anbieten.

Knochen machen durstig

Die Beschäftigung mit Fleischknochen-Nagen kann vor allem die vierbeinigen Couch-Potatos derart ermatten, dass man ihnen den erst halb verzehrten Knochen wegnehmen muss, damit sie sich nicht zu sehr verausgaben. Durst bekommen Hunde bei dieser harten, Kräfte zehrenden Arbeit obendrein. Aber das ist absolut normal. Es ist dies im Übrigen der einzige Anlass, bei dem roh gefütterte Hunde vermehrt trinken. Ansonsten werden Sie bemerken, dass Ihr Tier nach der Umstellung auffallend weniger Trinkwasser zu sich nimmt (dafür in der ersten Woche aber deutlich häufiger pinkelt). Kein Wunder, seine Nahrung enthält ja sehr viel Flüssigkeit.

Ein Blick auf die Verdauung

Zu Beginn der Umstellung auf ausschließlich rohe Lebensmittel kann der Kot Ihres Hundes mit Schleimhautfetzen

Ganzkörper-Ertüchtigung pur!

durchsetzt und mit schmierigen Ablagerungen überzogen sein. Das ist kein Grund zur Sorge: Die Schleimhaut seines Darmes erneuert sich infolge des neuartigen Futterangebots, was die stark vermehrte Abstoßung dieser „ausgedienten" Zellen zur Folge hat. Nach rund vier bis sechs Wochen ist dieser Effekt meist verschwunden. Auch werden seine festen Hinterlassenschaften jetzt deutlich weniger voluminös ausfallen – und stets Abbild dessen sein, was er tags zuvor (oder auch zwei Tage vorher) gefressen hat. Denn bei Rohkostfütterung wechselt der Kot ständig in Konsistenz und Farbe, jeweils dem konsumierten Input entsprechend: Reichlich Teigwaren in der Mahlzeit führen zu hellem, ins Gelbliche gehendem, wenig glänzendem und fluffig wirkendem Kot. Fleisch (fettreich, etwas sehnig oder knorplig) mit Gemüse zusammen verfüttert, hat in der Regel dunklen, glänzenden und mäßig festen Kot zur Folge – welcher, wie bei einem wild lebenden Karnivoren eher schraubenzieherförmig abgesetzt wird. Milchprodukte (z. B. am „fleisch-losen" Tag gefüttert) machen das Häufchen ebenfalls heller und ggf. etwas weicher.

Vorsicht bei Durchfall

Hat Ihr Hund länger anhaltenden Durchfall, der sich durch Nahrungsanpassung wie etwa Füttern stopfender Lebensmittel nicht stoppen lässt, oder ist sein Kot sehr dünnflüssig oder sogar mit Blut durchsetzt, konsultieren Sie bitte unbedingt Ihren Tierarzt. Hier kann eine ernste Erkrankung dahinterstecken, die mit der üblichen „Entgiftungsreaktion" auf die Futterumstellung nichts mehr zu tun hat. Gelegentlich kann es einige Tage bis wenige Wochen nach der Umstellung auf Rohfutter kurzfristig zu Juckreiz, ja sogar zu stärkeren Hautirritationen kommen. Solche Symptome, die ebenso wie die Darmzellabschilferung als Anpassungsreaktion zu werten sind, verschwinden gewöhnlich nach ein paar Tagen von selbst.

> Speziell in den ersten Tagen der Umstellung kann der Stuhlgang deutlich weicher ausfallen, selbst wenn Sie keine der „abführenden" Nahrungsmittel angeboten haben. Füttern Sie vorübergehend ein bisschen mehr „Stopfendes".

BARF nicht um jeden Preis

Lassen Sie sich von keiner Seite überfahren – weder von den Hardcore-Barfern, noch von der Futtermittelindustrie! Sie allein kennen Ihren Hund am besten und wissen am besten, was ihm guttut.

Unsicherheit bei der Knochenfütterung

Wenn Sie Ihren Hund jedes Mal stundenlang besorgt beobachten, nachdem Sie ihn einen Fleischknochen haben nagen lassen, aus Angst, Ihrem Tier könnte etwas passieren, dann verzichten Sie besser auf das Füttern von Knochen. Ergänzen Sie das Futter stattdessen moderat mit Kalzium-Zitrat aus der Apotheke bzw. einem Mineralstoffpräparat aus dem Zoo-Fachhandel, oder mit getrockneten, fein zermörserten Eierschalen. Diese dosieren Sie nach dem Gewicht Ihres Hundes und danach, wie viel Getreide Sie zufüttern (siehe S. 42). Bei getreidefreier Fütterung genügt – wie bereits besprochen – für den mittelgroßen Hund in der Regel ein gestrichener Teelöffel täglich. Bei den käuflichen Präparaten dosieren Sie nach dem Packungsaufdruck.

Vielleicht würden Sie ja gern rohe Fleischknochen anbieten, Ihr Hund verträgt diese aber nicht. Oder, Ihr Vierbeiner befindet sich bereits im hohen Seniorenalter und kann diese harte Kost schlichtweg nicht mehr „kauen". Auch dann verzichten Sie einfach darauf und wählen die genannten Alternativen.

Ein Rat für Schlinger

Hunde sind Schlinger, daran ist nichts ungewöhnlich. Besitzen Sie allerdings einen jener Vertreter, die wirklich alles und jedes in maßloser Gier hinunter-„gulpen", um es unmittelbar danach wieder zu erbrechen, reichen Sie besser sehr kleine Brocken oder drehen das Fleisch immer (zeitlebens) durch den Fleischwolf, bevor es in den Napf wandert. Und: Reichen Sie es möglichst suppig. Das vermindert das Fresstempo und erleichtert die Fütterung.

BARF nicht um jeden Preis

Der Obst-Gemüse-Verweigerer

Auch wenn beides in der Rohfütterung eigentlich nicht in größeren Mengen vorgesehen ist: Verweigert Ihr Vierbeiner rigoros seinen Obst-Gemüse-Brei, mag aber Getreide oder auch Milchprodukte, geben Sie ihm einfach ab und zu ein bisschen mehr davon. Wenn er es gut verträgt, spricht nichts dagegen. Addieren Sie – damit die Versorgung dabei nicht aus dem Lot gerät – die Milchprodukte zum „fleischigen" Rationsanteil, das Getreide zum vegetarischen. Die Milchprodukte sollten im Mittel nicht mehr als 10 % und das Getreide nicht mehr als 15 % im jeweiligen Rationsanteil ausmachen. Im Falle des Getreides supplementieren Sie mit einem entsprechenden Mehr an Kalzium.

Gekocht statt roh

Selbst wenn Sie alles daransetzen, um Ihren Hund so gesund wie möglich mit Rohkost zu ernähren, er diese Nahrung aber trotz behutsamer Gewöhnung und mehrwöchigem Training seines Verdauungstraktes einfach nicht vertragen kann, ihm Gekochtes indes gut bekommt: Kochen Sie sein Futter!
Ebenso ist es bei Eiern oder Geflügel: Wenn Sie z. B. einen Welpen oder Althund besitzen und deswegen Bedenken wegen einer möglichen Belastung durch Salmonellen haben, kochen Sie das Hühnchen- und Putenfleisch und auch die Eier. Es bringt niemandem etwas, wenn Sie sich dauernd Sorgen machen. Trotzdem: Nur Mut! Hunde alternativ zu füttern ist kein Hexenwerk.

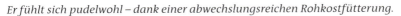

Er fühlt sich pudelwohl – dank einer abwechslungsreichen Rohkostfütterung.

Service

Nützliche Adressen

Verband für das Deutsche Hundewesen (VDH)
Westfalendamm 174
D – 44041 Dortmund
Tel.: 0231 56 50 00
Fax: 0231 59 24 40
Info@vdh.de
www.vdh.de

Österreichischer Kynologenverband (ÖKV)
Siegfried-Marcus-Str. 7
A – 2362 Biedermannsdorf
Tel.: 043 (0) 22 36 710 667
Fax: 043 (0) 22 36 710 667 30
office@oekv.at
www.oekv.at

Schweizerische Kynologische Gesellschaft (SKG)
Länggassstr. 8
CH – 3001 Bern
Tel.: 031 306 62 62
Fax: 031 306 62 60
skg@hundeweb.org
www.hundeweb.org

Bundestierärztekammer (BTK)
Oxfordstraße 10
D – 53111 Bonn
Tel. 02 28 72 54 60
Fax 02 28 72 54 666
geschaeftsstelle@btk-bonn.de
www.bundestieraerztekammer.de

BARF im Internet

www.barfers.de
www.barf-fuer-Hunde.de
www.der-gruene-Hund.de

Zum Weiterlesen
Bücher aus dem Kosmos-Verlag

Verhalten
Lernen Sie die Sprache Ihres Hundes noch besser verstehen und mit ihm zu kommunizieren:

Collins, Sophie: **Schwanzwedeln.** Hundesprache auf einen Blick. 2009

Blenski, Christiane: **Hundesprache.** Verhalten erkennen & verstehen. 2009

Schöning, Barbara: **Hundeverhalten.** Verhalten verstehen, Körpersprache deuten. 2008

Erziehung
„Sitz", „Platz" und „Fuß" – alles kein Hexenwerk. Ausführliche Methoden und verschiedene Herangehensweisen können Sie hier nachlesen:

Blenski, Christiane: **Hunde erziehen, ganz entspannt.** 2005

Führmann, Petra; Nicole Hoefs & Iris Franzke: **Das Kosmos-Erziehungsprogramm für Hunde.** 2006

Krauß, Katja: **Hunde erziehen mit dem Clicker.** 2010

Winkler, Sabine: **Hundeerziehung.** Sozialisierung, Ausbildung, Problemlösung. 2009

Spiele & Beschäftigung
Begeisterte Spieltypen sind immer auf der Suche nach Beschäftigung. Hier finden Sie alles, was Hunden Spaß macht:

Blenski, Christiane: **Schnüffelspiele.** Der Nasenspaß für jeden Hund. 2009

Büttner-Vogt, Inge: **Spiel & Spaß mit Hund.** Beschäftigung für zu Hause und unterwegs. 2008

Rauth-Widmann, Brigitte. **Hundespiele.** Hunde motivieren und beschäftigen. 2009

KOSMOS.
Für gesunde Vierbeiner.

Dr. med. vet. Martin Bucksch
Praxishandbuch Hundekrankheiten
288 S., 230 Abb., €/D 29,99

Für jeden Hundehalter

Dieses Standardwerk bietet jedem Hundehalter medizinischen Rat für seinen Hund in allen Lebenslagen. Die Vorbeugung und Gesundheitsvorsorge bilden dabei einen Schwerpunkt, ebenso das Erkennen und richtige Einschätzen von Krankheitssymptomen. Die Erkrankungen werden übersichtlich mit Symptomen, Ursache und Behandlung beschrieben und dazu klassische und alternative Behandlungsmethoden vorgestellt. Kapitel zur Pflege des kranken Hundes und zur Ersten Hilfe vervollständigen das Buch.

kosmos.de/hunde

Register

Acerola 15
Allergien 18, 70
Allesfresser 8
Althunde 21
Amaranth 19
Ananas 13
Äpfel 11
Appetitanregend 13
Aprikosen 12
Arthritis 13, 44
Auberginen 15
Ausgewogen 65
Avocado 16

Bakterien 40, 61
Ballaststoffe 17
Bananen 12
Bandwürmer 17
Bierhefe 46
Bindegewebe 69
Biotin 42, 53
Bioverfügbarkeit 23
Birnen 12
Bitterstoffe 14
Blähungen 25, 35
Blausäure 12
Bohnen 15
Brennnessel 15, 43
Brokkoli 14 ff.
Brombeeren 13, 44
Buchweizen 19

Darmparasiten 36, 62, 66
Darmschleimhaut 16, 79
Darmverschluss 31
Diabetes 70
Dörrfleisch 54
Durchfall 13, 25, 79
Durst 78

Eier 39, 81
Eierschale 19, 42
Endoparasiten 17, 30, 36, 61

Entwurmung 17
Enzyme 8
Erbsen 15
Erdbeeren 13
Erdnuss 36
Ernährungsformen 8

Faserstoffe, pflanzliche 8
Fastentag 75
Fellqualität 22
Fertigfutter 76
Fette 34
 - pflanzliche 35
 - tierische 35
Fettleibigkeit 70
Fettsäuren, essentielle 22
Fettsäuren, ungesättigte 34
Fisch 38
Fischöl 11, 35
Fleisch, Auswahl 21
Fleisch, Qualität 21
Fleischfresser 8
Fleischknochen 26, 80
Folsäure 15
Forschung 7
Futterkalk 30
Futtermittelunverträglich-
 keit 19
Futterplan 49
Futtertabelle 55

Gänseblümchen 44
Gartenkräuter 43
Geflügel 21, 81
Gelenke 23
Gemüse 11
Getreide 18 ff., 74
Getreide-Flocken 19
Giardien 36
Glykosamine 23
Grünlippmuschel 38, 46, 67

Haferflocken 19
Hagebutten 44, 70
Hagebutten-Mus 15

Harntreibend 12 ff.
Haselnuss 36
Hautirritation 79
Himbeeren 13, 15, 44
Hirse 19
Honig 46
Hühnerei 41
Hülsenfrüchte 15
Hundekinder 68
Hundesenior 21, 66
Hundespeichel 9

Immunsystem 63
Infektionen 69
Infektionsgefahr 60
Innereien 25

Johannisbeeren 13, 15
Juckreiz 22, 45, 79

Kalium 12, 15, 19, 28
Kalziumpräparat 30
Kamille 45
Karnivoren 8
Karotten 14
Kartoffeln 15, 20
Kirschen 13
Kiwi 13
Knoblauch 16
Knochen 21
Knochen, Senioren 31
Knochenfütterung,
 Beenden 33
Knochen-Kot 31
Knochenmenge 30
Knorpel 23, 26
Kochen 81
Kochfleisch 23
Kohl 15
Kohlenhydrate 8
Kokos 35 f.
Kollagen 29, 32
Kontrolle, Fress- 32
Kot-Kontrolle 66
Krankheiten, Bauchspeichel-

Register 87

drüse 67
- chronische 67
- Leber 67
- Niere 67
Kräuter 43
Kräuter-Öl 45
Krebs 13, 18, 70
Küchenhygiene 61
Kürbiskerne 36

Lachs-Öl 35, 70
Leckerli 52
Lein-Öl 34
Löwenzahn 15, 45

Magendrehung 30
Magenschleimhaut 16
Magnesium 29
Mais 19
Malonsäure 15
Mandarinen 13
Mikroorganismen 33
Milchprodukte 39
Milchzucker 39
Mineralisierung 33
Mineralstoffe 19
Mineralstoffpulver 28
Mirabellen 13
Möhren-Mus-Murmeln 52
Muskelfleisch 22
Muskelgewebe 69

Nachtschattengewächse 15
Nahrungsergänzungsstoffe 46
Nektarinen 13
Nudeln 19
Nüsse 36

Obst 11
Obst, säurehaltiges 13
Öle 34
- pflanzliche 11
- ätherische 15
- Aufbewahrung 37

- native 34
- Tagesdosis 35
- tierische 35
Ölsaaten 36
Omega-3-Fettsäuren 22, 34
Orangen 13

Paprika 15
Parasiten 33, 61
Pektine 14, 16
Pepsin 33
Pfirsiche 13
Pflaumen 13
Phosphat 19
Phosphor 29
Phytinsäure 19
Purin 67

Raps-Öl 34, 70
Reis 19
Rezeptvorschläge 48
Rheuma 44
Roh-Ei-Fütterung 69
Rohfütterung, Vorteile 6, 69
Rosinen 13

Salat 14
Salatgurke 14
Salmonellen 30, 41, 61
Säuregehalt 17
Schimmelpilze 37
Schlingen 32, 80
Schonkost 14
Schweinefleisch 22
Seealgenmehl 46
Sellerie 15
Skelett 70
Sojabohnen 15
Solanin 15, 20
Sonnenblumenkerne 36
Speichel, Hund 9
Splittern, Knochen 33
Sprossen 16
Stärke 8
Suppenfleisch 23

Tag, vegetarischer 75
Tagesration, ausgewachsener Hund 73
Tagesration, Welpen 71
Teeaufguss 45
Tofu 40
Tomaten 15
Trennkost 62, 76
Trinkwasser 78
Trockenfleisch 57
Trockenfutter 77

Umstellen, behutsames 76
Umstellen, schnelles 77
Umstellung, Rohkost 21, 73
Urlaub 57

Verdaulichkeit 25
Verdauungsapparat 8, 28
Verdauungsprobleme 18
Verstopfung 12, 31
Verweigerung, Obst & Gemüse 81
Vitamin C 13, 15, 67, 70
Vitamin D 71
Vitamin E 19
Vitamine, fettlösliche 34
Vollkornprodukte 19

Walnuss 36
Walnuss-Öl 34
Weintrauben 13
Welpen 21, 68
Welpen, Tagesration 71
Wildkräuter 43
Wolf 5
Wurmbefall 62, 69

Zähne 28, 70
Zucchini 15
Zutaten, verschmähte 78
Zwetschgen 13
Zwiebelgewächse 16

Bildnachweis

Mit 62 Farbfotos von Karl-Heinz Widmann.
Weitere Farbfotos von Juniors Bildarchiv (2: S. 5, 58)
und Verena Scholze / Kosmos (1: S. 17)
Cartoons von Angelika Schmohl.

Impressum

Umschlaggestaltung von eStudio Calamar unter
Verwendung von zwei Farbfotos von Karl-Heinz Widmann.

Mit 65 Farbfotos.

Unser gesamtes lieferbares Programm und viele
weitere Informationen zu unseren Büchern,
Spielen, Experimentierkästen, DVD, Autoren und
Aktivitäten finden Sie unter **kosmos.de**

Gedruckt auf chlorfrei gebleichtem Papier

© 2009, Franckh-Kosmos Verlags-GmbH
& Co. KG, Stuttgart
Alle Rechte vorbehalten
ISBN 978-3-440-11851-1
Redaktion: Hilke Heinemann
Gestaltungskonzept: eStudio Calamar
Gestaltung und Satz: Atelier Krohmer, Dettingen
Produktion: Eva Schmidt
Printed in Germany / Imprimé en Allemagne

Alle Angaben in diesem Buch erfolgen nach bestem Wissen und Gewissen. Sorgfalt bei der Umsetzung ist indes dennoch geboten. Autorin und Verlag übernehmen keinerlei Haftung für Personen-, Sach- und Vermögensschäden, die aus der Anwendung der vorgestellten Materialien und Methoden entstehen können.